Michael Nagl

Old Irish Pubs

The Real Ones

„Die wahren Werte im Leben"

Fotos von Robert v. Aufschnaiter

HÄDECKE VERLAG

Impressum

Gestaltung: A&M–Design, München.
Druck: Oehler, Fellbach
Printed in Germany 1997
ISBN 3-7750-0297-9

Inhalt

Vorwort

Es gibt viele verschiedene Gründe nach Irland zu reisen oder sich mit Irland zu beschäftigen. Für den einen ist der Hauptgrund die irische Geschichte, die soviele Kunstschätze hervorgebracht hat; für den anderen ist es die Möglichkeit, auf den Spuren der Literaten James Joyce oder W. Y. Yeats zu wandeln; wieder andere lassen sich einfach vom Land, von den Leuten und von der Musik begeistern. Alle gemeinsam freuen sich jedoch auf ein ganz bestimmtes Phänomen: Das irische Pub.

In dieser Dokumentation soll anhand der Präsentation alter irischer Pubs samt ihrem spezifischen Umfeld die Kultur und Denkweise, die zu dieser herausragenden Stellung geführt hat, zugänglich gemacht werden. Bei den vorgestellten Pubs handelt es sich vorwiegend um Darstellungen letzter noch existierender Originale aus der Zeit vor der Jahrhundertwende, die der Modernisierung trotzten, und von denen viele in den nächsten Jahren aus Altersgründen verkauft oder versteigert und demzufolge in ihrer Struktur massiv und unwiderruflich verändert werden. Darüber hinaus wird durch die Einbringung von Recherchen und Selbsterlebtem die Welt der Wirte und Wirtinnen, Gäste, Brenner und Brauer geschildert, die die irische Pub-Landschaft prägten und ihr das gaben, was sie heute so beliebt macht: eine Welt mit eigener Philosophie und die Verbundenheit zur Tradition.

Der Autor
München/Dundalk, im August 1997

Darby's Pub, Togher, Co. Louth

WATT'S
TYRCONNELL
WHISKY
SMIRNOFF
VODKA
BUSHMILLS
GROUSE
STEWARTS CREAM OF THE BARLEY
Tia Maria
Irish Mist

Poteen & Pubs

Von den Anfängen irischer Gastlichkeit

In O`Connor`s Pub in Doolin, Co. Clare, fiel mir ein Mann auf, der sich alle fünf Minuten einen Whiskey bestellte, diesen auf einmal hinunterkippte, seine Lippen mit Zunge und Handrücken trocknete und dann glücklich in die Runde schaute. Sein Blick wanderte von den Musikern zu den schwarzhaarigen colleens und über volle Biergläser zurück zum eigenen, leeren Whiskeyglas. „Same again, please!" Mit unverkennbar amerikanischem Akzent gab er ziellos eine weitere Bestellung auf, in der Hoffnung, eine der vielbeschäftigten serving maids würde ihn hören und seinen Wunsch erfüllen.

An jenem Abend war es wieder einmal soweit. Nach einem harten Jahr der Arbeit in Salem, Missouri, belohnte Douglas Pederson sich selbst. Zurück im Land seiner Vorfahren konnte er sich ganz seiner Leidenschaft, den irischen Pubs, widmen. In den zwei Wochen seines Aufenthaltes wird er im Laufe eines jeden Abends eine Flasche *John Jameson* – er vergaß nie, auch das e mitauszusprechen – leeren und anschließend glückserfüllt in die Federn sinken.

Whiskey und vor allem Herstellung und Verkauf desselben spielt in der Entstehungsgeschichte der irischen Pubs eine entscheidende Rolle. Obwohl heute niemand sicher sagen kann, wann und wo Whiskey zum erstenmal hergestellt wurde, glaubt man (besonders auf der grünen Insel) daran, daß es irische Missionare waren, die ca. 500–600 n.Chr. ein aus der Mittelmeerregion mitgebrachtes Destillierverfahren zur Erzeugung von Parfüm in ein Verfahren zur Erzeugung von trinkbarem Alkohol umwandelten. Das Wort 'Whiskey' entstand angeblich im zwölften Jahrhundert durch Soldaten Henrys II, die Schwierigkeiten hatten, die irische Bezeichnung *uisce beatha* (Wasser des Lebens) auszusprechen und deshalb das *uisce* in 'Whiskey' umwandelten. Im bald darauf anbrechenden Zeitalter der Wissenschaft erregte der Trunk die Aufmerksamkeit von Gelehrten und Medizinern. Im sechzehnten Jahrhundert wurden dem *uisce beatha* vielerlei Qualitäten nachgesagt. In rechtem Maße getrunken, verlangsame er das Altern, beseitige er Traurigkeit, rege er den Geist an und verhindere er Zähneklappern und Lispeln. Und wenn man seine Hände in Whiskey waschen würde, bekäme man keine Würmer.

Bis zur Mitte des siebzehnten Jahrhunderts konnte in Irland jeder soviel *water of life* erzeugen wie er wollte. Der erste Versuch von staatlicher Seite diese Freiheit aufgrund eines Steuererlasses im Jahre 1661 einzuschränken, wurde von den Iren vollständig ignoriert. Einhundert Jahre später erließ die englische Regierung ein neues Gesetz zur

Andrew Alexander Watt, Whiskeybrenner aus Derry, benannte seinen besten Whisky nach den alten Stammeshäuptlingen der Nachbargrafschaft Donegal. Die Connells, so der Name der chieftains, waren dort einst die unumschränkten Herrscher, was sich im alten Namen für Donegal 'Tyrconnell' (Land of Connell) ausdrückt.

Besteuerung von Whiskey. Die in Finanznot geratene englische Krone hatte erkannt, daß eine Steuer auf das irische Nationalgetränk eine nicht zu verachtende Einahmequelle darstellen würde. Das Brennen von Whiskey war fortan genehmigungs- und steuerpflichtig; mit Inkrafttreten dieses Gesetzes sollten die Iren ihren *uisce* bei lizenzierten Destillerien kaufen. Nun stellte sich für die Iren die Frage, wieso sie für etwas Steuern bezahlen sollten, was sie zuhause selbst herstellen konnten. Da sie darauf ebensowenig eine Antwort fanden wie auf die Frage, wieso einige Herzöge nur glauben könnten, daß Fische, die durch ihre Flüsse zogen, deren eigener Besitz wären, verhielten sie sich denn auch so wie beim illegalen Fischfang: Sie betrachteten solche unsinnigen, von adeligen Nutznießern aufgestellten Vorschriften als gegenstandslos.

Da selbstgebrannter Whiskey, *poteen* (kleiner Topf) genannt, aufgrund der 'Steuerfreiheit' nun plötzlich wesentlich billiger war als *parliament whiskey*, entstand eine völlig neue Situation. *Poitin*, so die die gälische Schreibung, wurde zum lukrativen Geschäft. Obwohl Steuerfahnder und Polizisten zur Jagd auf illegale Brenner ansetzten, machten diese ohne größere Bedenken weiter. Im unwegsamen Norden Irlands, in Donegal, befand sich die Hochburg der Schwarzbrennerei. Auf der Halbinsel Inishowen, wo laut John McGuffin „vonGeburt an jeder ein Schmuggler oder ein Schwarzbrenner war, gehörte die Destille ebenso zum Hof wie die Kuh, und die Kinder spielten nicht Cowboy und Indianer sondern Polizei und Schmuggler." *Mountain Dew* wurde im Rahmen fingierter Beerdigungen in Särgen in die Marktstädte gebracht und `Säcke mit Korn` beinhalteten oft mehr illegal gebrannten Whiskey als Getreide.

Der Erlaß von 1760 machte viele Iren über Nacht zu Kriminellen. Was seit Jahrhunderten Bestandteil ihres Lebens war, stand nun plötzlich unter Strafe.Um etwaigen Kontrollen vorzubeugen, postierten die *illegals* rund um die Uhr Späher und gründeten darüberhinaus wehrhafte Banden. Polizeiberichte aus dieser Zeit belegen Schlägereien zwischen solchen Banden und Steuerfahndern mit Toten und Schwerverletzten. Aus Rache zwangen die Ungesetzlichen gefangene Polizisten dazu, in den illegalen Brennereien mitzuarbeiten. Wenn die Späher einmal versagt hatten und die Brenner Hals über Kopf Reißaus nehmen mußten, griffen sie zu einer besonderen List: Sie ließen einen großen Krug *poteen* zurück, über den die Verfolger natürlich lieber herfielen als über flüchtende Bauern, die sich möglicherweise heftigst zur Wehr setzen würden. In der Regel endete die Verfolgung damit, daß die Verfolger den Whiskey restlos austranken, sich niederlegten und ihren Rausch ausschliefen. Erst als die Regierung Prämien für gefangene Schwarzbrenner und demontierte Brennanlagen aussetzte, bahnte sich diesbezüglich ein Erfolg an. Viel versprach man sich von einer Belohnung für beschlagnahmte Bestandteile selbstgezimmerter Destillierapparate. Tatsächlich konnte fortan eine beachtliche Anzahl an eingebrachten Utensilien in den Amtszimmern der Dorfpolizeistationen registriert werden. Mit Verblüffen mußte die oberste Behörde in Dublin jedoch feststellen, daß für ein und denselben Kupferwurm bis zu zweihundertmal eine Belohnung ausgezahlt wurde: Schlaue Polizisten reichten sich untereinander ihre Beutestücke weiter und scheuten auch nicht davor zurück, selbst solche Anlagen zu bauen, um dafür die Belohnung zu kassieren. Nach Bekanntwerden dieser Methoden wurde das Prämiensystem wieder abgeschafft und man mußte eingestehen, daß man in der Verringerung der *illegal stills* trotz aller gutgemeinten Anstrengungen noch keinen entscheidenden Schritt vorwärts gekommen war. Zu dieser Zeit berichtete ein Reisender aus England über ein Dorf in Irland, in dem es offiziell weder ein Gasthaus noch eine Kneipe gab, in dem jedoch in jedem Haus Whiskey feilgeboten wurde. (Noch über hundert Jahre später war es übrigens für Reisende aus England, die Irland besuchten, ein unbedingtes Muß, sich auf einem Gruppenfoto mit einem möglichst armselig wirkenden Schwarzbrenner und dessen von einer typischen irischen Steinmauer versteckten Destilliervorrichtung ablichten zu lassen. Zu Hause konnte der englische Gentleman des späten neunzehnten Jahrhunderts dann in gediegenem Kreise vom irischen Abenteuerurlaub erzählen).

Die ersten offiziellen irischen Gasthäuser in Irland dienten der Versorgung von Pferdekutschen. Reisende aus England, vom Kontinent und natürlich in Irland ansässige Landlords, die auf ihrem Weg zwischen Dublin und Herrensitz auf die Annehmlichkeiten einer vornehmen Reiseunterbrechung nicht verzichten wollten, stellten die Klientel dieser ersten 'öffentlichen Häuser'. Neben diesen lizenzierten *coaching inns* entstanden auch viele illegale Whiskey Shops, sogenannte *shebeens*. Es waren armselige, mit Stroh gedeckte Hütten, die statt eines Wirtshausschildes ein Bündel Torf ans Fenster hingen. Dieses Geheimzeichen verriet Eingeweihten, wo *poitin* zu haben und Gleichgesinnte zu finden waren. Doch auch die *coaching inns* nahmen es mit der Gesetzestreue oft nicht so genau. Sie stellten zwar *parliament whiskey* in die Fensterauslage – eine auch heute noch verbreitete Art des Fensterschmucks in irischen Kneipen –, dachten jedoch nicht daran, ihn auch zu verkaufen. Konsumiert wurde in der Regel nur selbstgebrannter Whiskey. Mancherorts destillierte man ihn sogar im eigenen Garten und trug ihn nur noch durch die Küche in den Verkaufsraum. Chroniken berichten, daß man in jedem zweiten Haus für den Eigenbedarf Schnaps brannte. Die benötigten Bestandteile wie Gerste, Kartoffeln, Hefe, Sirup oder Zucker waren leicht erhältlich und die Apparatur brachten *tinker* zu Billigpreisen direkt ins Haus. Zu den Kunden dieser ungenehmigten 'Dorfdestillerien' zählten nicht selten auch der Pfarrer, der Doktor und selbst der Dorfpolizist.

Schwarzbrennen war damals kein Kavaliersdelikt oder Freizeitvergnügen, sondern oft pure Notwendigkeit. Die Besitzverhältnisse der Kleinbauern waren zum großen Teil so unzureichend, daß sie auf den Verkauf von *poteen* angewiesen waren. Dessen bewußt, ließ ein Großteil der Landlords die Brenner gewähren, denn viele konnten nur durch diese Zusatzeinnahmen ihre Abgaben pünktlich zahlen. Einige Adelige akzeptierten sogar illegal gebrannten Whiskey als Zahlungsmittel und erreichten durch dessen Weiterverkauf enorme Zusatzgewinne, ohne von der Polizei kontrolliert zu werden. Auch von den Geistlichen wurde ein Auge zugedrückt. Manchen war es egal, woher der Zehnte ihrer Schäfchen kam. Einige sollen selbst aqua vitae erzeugt haben und in Erris, Co. Mayo, soll gar eine Kapelle existiert haben, deren rückwärtiger Teil in eine Destillerie umgewandelt war. Das zu Ende gehende achtzehnte Jahrhundert sah den illustren Höhepunkt der Schwarzbrennerei in Irland. Unzählige Anekdoten halten diese Zeit in Dorfkneipen bis heute am Leben. Gern erzählt wird die Geschichte des Dorfschullehrers, der seinen Schülern im Rahmen des Chemieunterrichts alle drei Wochen das Prinzip der Destillation anhand einer selbstgebauten Anlage erläuterte und anschließend das Enddestillat im Nebenzimmer auf seine Tauglichkeit gleich testete. Geschmunzelt wird auch über die Dorfdestille, die nie entdeckt wurde, weil sie sich im gleichen Haus wie die Polizei befand. In West Cork bürgerte sich der Name *Katie Daly* als codiertes Synonym für *poteen* ein. *To be sitting with Katie Daly* hieß also, bei einem Glas *poteen* einer fröhlichen Runde beizuwohnen.

Der Beginn des neunzehnten Jahrhunderts leitete den Niedergang des illegalen Whiskeygeschäfts ein. Steuersenkungen am *parliament whiskey* machte die Produktion der *creature* unrentabel; nachlassende Korruptionsbereitschaft innerhalb der Polizei, bessere Verkehrswege wie der neugebaute Grand Canal und drastischere Strafen für Schwarzbrenner taten ein übriges. Im Jahre 1838 ging von der Stadt Cork eine Antialkoholkampagne aus, die viele *illegals* und *wine & spirit merchants* in den finanziellen Ruin trieb. Father Mathew, ein engagierter katholischer Pfarrer, der im Genuß von 'berauschendem Likör' den Grund für die Verrohung des irischen Volkes sah, brachte über die Hälfte der männlichen Bevölkerung dazu, sich zum Antialkoholismus zu bekennen. Die bald darauffolgenden Jahre der Hungersnot brachten ein völliges Darniederliegen des *poitin-making*, da Kartoffeln und Gerstenkorn, sofern überhaupt erhältlich, als Grundnahrungsmittel unentbehrlich waren. Nach der Hungersnot erreichte die Produktion nie mehr die Dimension der vorherigen Jahre. In den Counties Donegal, Tyrone, Derry und Mayo wurde zwar weiterhin mit Abstand am meisten gebrannt; insgesamt reduzierte sich die erzeugte Menge jedoch auf einen Bruchteil.

Im zwanzigsten Jahrhundert wandelte sich der Grund für die illegale Brennerei. Fortan war sie nicht mehr vorwiegend durch Notwendigkeit bedingt, sondern orientierte sich mehr an der Freude am Destillieren, verbunden mit dem genüßlichen Gedanken, dem Fiskus ein Schnippchen schlagen zu können. Schwarzbrenner, deren Destillat als qualitativ hochwertig galt, genossen hohes Ansehen in ihrer Gegend. Einer der berühmtesten, Mick McIlhatten aus der Grafschaft Antrim, war als ein Gentleman und als äußerst begabter Musiker bekannt, der seine illegale Tätigkeit auch mit der Aussage *„a rub of poitin on a fiddle makes it sound all the sweeter“* begründete. 1971 gelang der nordirischen Polizei der größte Fang der Nachkriegszeit. Aufgrund eines anonymen Hinweises konnte sie eine unerlaubt betriebene Destille in Belfast ausheben, in der pro Woche über tau-

Murphy's in Kilkee, Co. Clare – Paradebeispiel eines traditionellen Dorfladens mit Ausschanklizenz..

send Liter *poteen* hergestellt wurden. Der Betreiber mußte sich vor Gericht verantworten. Zur Überraschung aller Anwesenden berichtete er von Verkäufen an Wirte und Clubleiter, die seinen Whiskey mit eigenem Etikett weiterverkauften und von der Kundschaft nie eine Beschwerde erhielten. Die Analyse eines chemischen Labors in England hätte seinem Destillat angeblich eine Reinheit bestätigt, wie sie kein industriell gefertigter Whiskey besitzt. Am meisten amüsierte aber die Tatsache, daß von einer Polizeistation in Süd-Belfast regelmäßige Bestellungen für sein Produkt vorlagen. Einige Jahre später rückte Ballymena, Co. Antrim, in die Schlagzeilen. Pubbesitzer, so der Zeitungsbericht, fürchteten dort um ihre Existenz. Sie beklagten den massiven öffentlichen und noch dazu sehr billigen Verkauf von *poitin* in den Straßen von Ballymena und malten Visionen von hungernden Wirten an die Wand.

Poteen blieb bis heute ein Symbol irischer Unabhängigkeit und Ausdruck des Protests gegen das Establishment. Als Beweis seiner Gewitztheit hält noch mancher Wirt unterm Ladentisch eine Flasche *mountain dew* bereit, aus der er vertrauenswürdige Gäste – hier sind Touristen keineswegs ausgeschlossen – gerne kosten läßt, und in den Pubs von Ballybeg und Corkadoragha werden Gäste sogar grundsätzlich mit einem Glas Poteen begrüßt.

Lizenzierte Schankhäuser gibt es in Irland seit etwa 1600. Grace Neill's Pub in Donaghadee, Co. Down, darf sich aufgrund seiner Entstehung im Jahr 1611 rühmen, das älteste, noch existierende Pub auf der Insel zu sein. Den Namen erhielt das Pub von der Dame des Hauses, die 1916 98jährig starb und zeitlebens an der Nordostküste operierende Schmuggler zu ihrem bevorzugten Kundenstamm zählte. Die heute übliche Benennung von Pubs nach ihrem Besitzer war nicht immer Usus. Bis zum achtzehnten Jahrhundert orientierten sich die größeren Pubs in ihrer Namensgebung am englischen Nachbarn. Namen wie *The Rose Tavern* oder *The White Horse Inn* waren damals weitaus üblicher als heute. In den Häusern der einfacheren Leute fiel die Bezeichnung für das *local* weniger emphatisch aus. Dort, wo der beste Whiskey auf den Tisch kam, wurde der Name des Hausherrn als Qualitätssiegel genannt und hier entwickelten sich die bevorzugten Treffpunkte für die 'Connaisseurs' der Gegend. Die geselligsten Whiskeyküchen lockten oft mehr Gäste an, als sie aufnehmen konnten, so daß nur ein Ausweichen auf eine andere Räumlichkeit der allzugroßen Enge eine Entlastung bringen konnte. Man verlegte das gemütliche Zusammensein in den Wohnraum nebenan oder in die Scheune und genoß dort die famosen Familiendestillate der O'Rourkes, McAuliffeys oder Moriartys. Diffuse Lichtverhältnisse unter oft feuchten Dächern taten der Freude der Besucher, die solche Zustände aus der eigenen

Behausung kannten, keinen Abbruch.

Neben dem `Wasser des Lebens` boten manche Whiskey Shops auch Ale, Gin und hochprozentige Weine wie Port und Sherry an; die exotischen Getränke Tee und Kaffee waren noch unbekannt. Das Hauptgetränk der Iren war Whiskey. Der Irenschnaps wurde sowohl im Pub getrunken als auch – sofern man es sich als Alternative zu Wasser und Milch leisten konnte – zu Hause bei den Mahlzeiten, wobei der berauschende Nebeneffekt einen zu-

Bei Renovierungsarbeiten hinter einer Billigholzwand entdeckt: Stellage in Hargadon's Pub & Grocery, Sligo.

sätzlichen Reiz darstellte. Im mondänen Dublin, damals mit der Reputation der *second city of the British Empire* ausgestattet, verhielt es sich, wie so oft, anders. In der Hauptstadt trafen sich die Persönlichkeiten der Metropole bereits bei Tee und Kaffee in vornehmen Tavernen, während der gemeine Ire von diesen fremdartigen Erzeugnissen allenfalls gehört hatte. In boshafter Manier wurde dort von der ersten Begegnung einer irischen Bauersfamilie mit der unbekannten Materie Tee erzählt. Die Bäuerin, so die Geschichte, erstand auf einem Markt ein Päckchen Tee, das sie gutgelaunt mit nach Hause brachte. Nach dem Aufbrühen schüttete sie das Wasser weg und servierte ihrem Mann einen schön geformten Haufen nasser Teeblätter mit Butter, die dieser zwar aufaß, aber anschließend mit der Bemerkung *„sure I'd rather have potatoes"* seine Präferenz eindeutig kundtat.

Nach der Mitte des letzten Jahrhunderts, als sich die Iren von der Hungersnot erholt hatten, entstand eine Pub-Landschaft, die in ihren Strukturen bis heute erhalten blieb. Es schossen unzählige Pubs mit integriertem Kaufladen aus dem Boden, deren Vorderseite grundsätzlich den Namen des Eigentümers trug. In einigen Städten waren vier oder mehr Pubs nebeneinander keine Seltenheit. In Castleisland, Co. Kerry, standen im Jahre 1904 für 1300 Einwohner 54 Kneipen zur Verfügung Die extremsten Verhältnisse herrschten jedoch in Mayo. In Charlestown und Ballaghadereen hatte jedes dritte Haus eine Schänke und in Ballyhaunis kam auf alle 20 Einwohner ein Pub. In einem Bericht wird damals bemerkt, daß es in Irland doppelt so viele Pubs wie in England und dreimal so viele wie in Schottland gibt, der Bau von Einrichtungen wie Stadthallen oder Sportplätze jedoch als völlig überflüssiger Luxus abgetan wird. Verkauft werden durfte in diesen Pubs alles, wofür man eine Genehmigung besaß. In der Regel handelte es sich um eine Lizenz für den Verkauf von Lebensmitteln, Tabak und Alkohol, die jedoch erweitert und kombiniert werden konnte. Neben den häufig vorkommenden *Family grocer & tea, wine and spirit merchants* wollten sich andere Gewerbetreibende das lukrative Zusatzgeschäft, das eine Schänke versprach, nicht entgehen lassen, und so hatten Tuchhändler, Kohlehändler, Schuhverkäufer und Vertragshändler für landwirtschaftliche Geräte nicht selten eine Genehmigung für den Verkauf von Alkohol und Tabak. Es war – und es ist mitunter immer noch – üblich, beim Uhrmacher den Kauf der neuen Uhr bei einem Glas Bier inmitten von Zigarettenreklamen zu begießen. In manchen Läden stapelte sich Haarwuchsmittel neben Portweinflaschen und auf der Theke zum Verkauf angebotene Gummistiefel unterschieden sich in ihrer Farbe kaum vom schwarz gezapften Guinness. Die Lizenz, was an welchen Tagen der Woche verkauft werden durfte, wurde über der Eingangstür kundgetan: *Licenced to deal in tobacco, wine, spirits and beer – on seven days.*

Irische Pubs boten eine Reihe interessanter Einrichtungsvariationen. Ihre Innenausstattung mußte zumeist der Doppelfunktion von *pub & grocery* gerechtwerden. Solche Pubs, die aus Sicht eines Kontinentaleuropäers eher einer altmodischen Apotheke ähneln, waren sowohl für die Aufnahme von großen Fässern als auch für die Unterbringung von unverpackter Großhandelsware konzipiert. Damals wurde ein Großteil der Ware erst im Laden abgepackt und anschließend mit einem familieneigenen Etikett versehen. Zur Annahme einer Teelieferung zum Beispiel wurden Blechbehälter auf die Straße oder den Hof getragen und danach neben anderen Behältern vom gleichen Format, die Kaffee oder verschiedene Mehlsorten enthielten, an der Wand hinter der Theke auf den Boden gestellt. Ein Teil der darüber aufgebauten Regalwand bestand aus einem Schubladeneinsatz, in dessen Fächern neben Gewürzen und Süßigkeiten auch allerlei Kleinkram Platz fand. (Eines der schönsten noch original vorhandenen Exponate ist der über einhundert Jahre alte, gelb-rote Schubladeneinsatz in Mrs. Coolahan's Pub in Tarbert, Co. Kerry, vgl. S. 73.) Die Stellage hinter der Schanktheke war auf halber Höhe frei von Regalen, um den teilweise überdimensionalen Whiskeyfässern Platz zu bieten. Rundbögen in der Regalwand dienten der Unterbringung von Tonflaschen, in denen normalerweise Whiskey (aber auch andere Spirituosen und Bier) aufbewahrt wurde, als Flaschen aus Glas noch die Ausnahme waren. Hinter dem Pub befand sich der *bottling store*, in dem Angestellte die harte Arbeit der Flaschenabfüllung und -reinigung erledigten.

Für eine besondere Variante der Pubs sorgten die Leichenbestatter. Für den Fall magerer Geschäftszeiten hatten viele Bestattungsunternehmer ein zweites Standbein in Form eines kleinen

Black boots and black porter: Dick Mack's Pub in Dingle

Pubs, in dem Trauergäste im Anschluß an Beerdigungen den Hingang des einst so treuen Mitstreiters auf Erden mit Whiskey und Porter begießen konnten. Spätestens eine Stunde nach dem Beginn der feuchtfröhlichen Trauerfeier begannen Lobeshymnen auf den Verblichenen durch den Raum zu schallen. Bei solchen Begebenheiten stand der Mann in Schwarz oft selbst hinter der Theke und bestätigte während des Zapfens die Lobgesänge auf den Dahingegangenen. Einige dieser *undertaker* hatten das Glück, daß die rückseitige Wand ihres Pubs Teil der Friedhofsmauer war. Hierdurch gingen ihnen auf dem Weg vom Grab zum Pub keine Kunden verloren. Das wohl bekannteste ‚Trauerpub' Irlands ist Kavanagh's in Dublin. Neben den normalen Trauergästen hatte es noch eine äußerst ungewöhnliche Kundschaft: Totengräber, die auf dem Glasnevin Cemetry (auf diesem Friedhof im Norden Dublins fanden Daniel O'Connell, Charles Stewart Parnell, Michael Collins, Brendan Behan und Eamon de Valera ihre letzte Ruhestätte) ihre Arbeit verrichteten, löschten hier ihren Durst auf eine ganz raffinierte Weise. Sie plazierten ihr Geld auf eine Schaufel, die sie durch eine eigens für diesen Zweck geschaffene Öffnung in der Mauer des Pubs schoben. Der Barkeeper nahm sich dann den Wünschen der Arbeiter an, indem er das gewünschte Getränk auf die Schaufel stellte und durch einen Zuruf nach draußen die Erledigung der Bestellung mitteilte.

In einigen Pubs gibt es auch noch das zu entdecken, was Heinrich Böll in seinem „Irischen Tagebuch" als „Einzelsäuferkoje" bezeichnet und was in fast allen Pubs der Modernisierung zum Opfer fiel: das *snug*. Im einfachsten Fall war es ein Bretterverschlag in der dunkelsten Ecke; im gelungensten Fall eine architektonische Glanzleistung mit sorgfältig eingebrachten Zierfenstern, versehen mit Facettenschliff. Die Verbindung zur Alkoholquelle wurde entweder durch ein seitliches Verbindungsfenster zum Tresen oder, bei mehreren *snugs,* durch verschieden tönende Glöckchen hergestellt. In einigen der größeren Pubs hatte jedes Abteil eine Nummer, die nach Knopfdruck auf einer mechanischen Anzeigetafel, wie man sie gelegentlich noch in alten Hotels sieht, erschien.

Es wird gemunkelt, *snugs* seien schon mit der Absicht errichtet worden, Geheimniskrämerei zu ermöglichen und Revolutionen zu planen. Und tatsächlich: Als das Land im Bann nationalistischer Gedanken stand, hielten Revolutionsräte ihre konspirativen Sitzungen in Pubs ab. Böse Zungen mögen hier behaupten, am Wirtshaustisch geplante Revolutionen seien von vornherein zum Scheitern verurteilt, und in der Tat haben es die Iren ja auch nie vermocht, ihre hochgesteckten Ziele ihren Vorstellungen entsprechend zu verwirklichen. Die Basis der IRA, die hinter den Anstrengungen ihrer großen Führer natürlich nicht zurückstehen wollte, setzte alles daran, ihren Teil zur Sache beizutragen. Paddy Fitzsimons, Besitzer des gleichnamigen Pubs in Navan, Co. Meath, kann hierzu folgende Begebenheit berichten (– ob der Entschluß zu der nun folgenden Tat in einem *snug* gefaßt wurde, sei allerdings dahingestellt): Im Jahre 1918 hatten einige Republikaner in einem Anfall von Landesloyalität das Pub seines Vaters gestürmt und mit dem Ausruf *„burn everything English apart from their coal"* alle im Pub gelagerten Flaschen und Fässer der sehr erfolgreichen englischen Bierbrauerei Bass & Co. zerschlagen. Nachdem sie ihr Werk vollbracht hatten, machten sie sich wieder davon, nicht ohne jedoch einige Flaschen des oben genannten Produkts als Revolutionsproviant an einen geheimen Versammlungsort mitzunehmen. In Angst und Schrecken versetzte dieser Überfall indes niemanden. Die Übeltäter waren stadtbekannt und da unter jungen Leuten jegliche Nähe zur IRA als erstrebenswert galt, nahm man den Schaden durch die Aktivisten als Opfer für ein geeintes Irland willig hin.

Manchen dieser abgeschlossenen Kneipenabteile ist eine Ähnlichkeit mit einem Beichtstuhl nicht abzusprechen. Auf den Eintretenden können sie wie ein Ort der Reue wirken, in dessen Kahlheit der Trinker Trost im Alkohol sucht und gleichzeitig Sühne begeht. Man erliegt der Vorstellung, Süchtige würden hier die dunkelhölzerne Enge des Separees als schmachvolle Demütigung auf sich nehmen, um das Laster der Trunkenheit erträglich zu machen. Die alleinige Anwesenheit führt zum Aufbäumen innerer Gefühle, von Freude und Glück, Trauer und Niederlage. So hatten diese Abteile im wahrsten Sinne des Wortes einmal die Funktion von Zellen, von Trinkzellen – auch für Frauen. Als sich in Irland die Forderung nach Gleichberechtigung auch in Fragen der Trinkkultur einstellte, strebte das starke Geschlecht in einem letzten verzweifelten Abwehrversuch einen Kompromiß an. Im Unterbewußtsein schien es zu erkennen, daß der Zug der Zeit nicht aufgehalten werden konnte. Es galt, den Vormarsch der Frauen in die Kneipen zumindest zu verlangsamen. Die Separees boten sich an und eine Lösung schien gefunden. Dort konnte das schwache Geschlecht in sicherem Rahmen Mineralwasser genießen. Der gelegentliche, bei der Bestellung durch ein kleines Schiebetürchen ermöglichte Blick in Richtung der Männer sollte das Zusammengehörigkeitsgefühl schüren und wohl auch das Rollenverhältnis klarstellen.

Wer sich als Frau weniger ums klar definierte Rollenverhältnis kümmerte, mußte damit rechnen, von ehrenwerten Mitbürgern gemieden zu werden. Einigen Mitgliedern des weiblichen Geschlechts war das leibliche Wohlbefinden jedoch auch vor hundert Jahren schon wichtiger als das strikte Befolgen gesellschaftlicher Regeln. In Landers' Pub in Dungarvan, Co. Waterford, existiert noch ein altes *account-book* aus dem Jahr 1892 – damals kostete ein Glas Whiskey weniger als eine Tasse heiße Suppe –, in dem akribisch aufgelistet und angeschrieben wurde, was die Kunden im Laden gekauft hatten. Mrs. Kate Terry, ihres Zeichen Schulmeisterin aus Gorranbane, orderte hier am 11. Mai 1892 ein *half pint of Whiskey*, am 14. Juni erwarb sie ein Dutzend *large Stout* und drei Tage später erstand sie zusammen mit einer Kiste Seife noch einmal Whiskey, diesmal eine ganze Flasche. Bezahlt hat sie dies und vieles mehr erst am 23. Juni 1892. Betrag: Ein Pfund, ein Shilling, neun Pennies.

POWER'S
WHISKEY
HARP

The Real Ones

Von den „wahren Werten im Leben"

Die einfachen Dorfpubs präsentierten sich grundsätzlich bescheiden und unauffällig. Die Leute im Dorf kannten ihre Schankstätten und ließen sich damals weder durch Blumenschmuck noch durch bunte Fähnchen über der Eingangstür beeinflussen. Fitzgerald's ist so ein Pub, das von außen gar nicht als solches zu erkennen ist. Keine Leuchtreklame, keine Flaschen im Fenster, nicht einmal ein einfaches Schild mit der Aufschrift 'Bar' – ganz als ob man ungebetene Gäste irreführen wollte. Lediglich der Name des Besitzers erscheint klar und deutlich über der Eingangsseite.

So habe ich diese 'Entdeckung' einer Frau im Ort zu verdanken, die mir von einem versteckten Pub erzählte, in dem die Gäste das Guinness nicht zu kalt, die Touristen nicht zu vorlaut und ihre Kneipe nicht zu hell haben wollten. Und noch etwas, sagte sie, wollten die Stammgäste dort nicht: Frauen. Was sollten sie auch, die Frauen, in diesem Pub der Endlosgespräche über Pferdepreise, Hunderennen und Auktionsergebnisse. Trotzdem schien sie nicht entrüstet oder gar verärgert über dieses Refugium traditionsorientierter Gedanken. Sie verriet mir nämlich, wie sie vor Jahren während ihres einzigen Besuches des Pubs vom Wirt außerordentlich freundlich bedient wurde. Außerdem wäre Fitzgerald bisher der einzige im Dorf gewesen, der ihr trockenen Sherry serviert habe – an sich schon eine Seltenheit im Ort – und diesen nicht in irgendeinem, sondern in einem Sherryglas. Ein Abend, den Sie eigentlich sehr genossen hatte, sagte Sie.

Von der Brauerei für die ausgezeichnete Qualität seines gezapften Stouts mit einer Urkunde versehen: Bartholomew Fitzgerald

Bartholomew Fitzgerald, Jahrgang 1912, ledig, führt das Pub wie ehedem. Beim Eintritt ist es so dunkel, daß man eine Zeit braucht, bis man die Gesichter erkennen kann, die einen unter den Berets skeptisch und wortlos mustern. Vom Faß gibt's nur Guinness und das Whiskeyangebot reduziert sich auf *Power's Gold Label. ‚Old Bat at the corner'* selbst trinkt keinen Alkohol. Milch trinke er; Tee könne er nicht ausstehen. Die beiden Whiskeyfässer, erzählt er stolz, seien noch aus der Zeit *„before Guinness took over"*, also aus den Tagen, als im Pub noch mehr Whiskey als Guinness verkauft wurde. Die wöchentliche Whiskeylieferung zahlt er bar und im Pub gibt es weder Barhocker noch Tische; lediglich zwei Holzlatten der Theke gegenüber dienen als eine Art Bank. Die Gläser werden auf den Boden gestellt.

Ach ja, und auf die Frage, ob sich denn in all den Jahren einmal etwas Besonderes im Pub ereignet hätte, antwortet er: *„no, not really"*.

„Not too early“, vormittags um 11 Uhr, öffnet Old Bat at the Corner die Tür seiner Bar…

läßt die Sonne durch das Fenster…

und widmet sich dann den „wahren Werten im Leben“.

GARDA SIOCHANA
INIS EOGHANÁIN
INNISHANNON 10
BAILE NA DAIBHCHE
BALLINADEE 4½
DROICHEAD NA BANNDAN
BANDON 9
BALLYMAC HSE.
B+B ½ KM

Sollte man im geschäftigen Städtchen Ballaghadereen das Glück haben, Mr. Michael Gallagher anzutreffen, kann man damit rechnen, auf amüsante Weise in die Geschichte des Ortes und – damit natürlich aufs Engste verbunden – in die Geschichte von Michaels Pub eingeführt zu werden.

Vor hundert Jahren, so sagt er, als sich die noch nicht geteerten Straßen nach jedem Regen in Schlammtrassen verwandelten, hätte hier im Pub jeden Tag Hochbetrieb geherrscht. Jeder Ire, der sich damals im Pub einfand, trug Hut oder Beret und Gamaschen, und Kuhmist an den Stiefeln gehörte ebenso dazu wie spinnwebenverhangene Reklamespiegel an den Wänden.

Das Pub beherbergte in der linken Ladenhälfte einstmals auch eine Metzgerei, auf deren Seite kein Glas im Fenster war. Die geschlachteten Rinder (man beachte die Größe!) wurden an Haken im Freien aufgehängt und der Laden über Nacht mit Holzbalken verschlossen. Ohne Kühlung und Meßgeräte, und das Fleisch hätte keineswegs darunter gelitten. Überhaupt, so Mr. Gallagher, hätten die *good old days* weit weniger Nachteile gehabt als man heute allgemein glaubt. Schriftliche Verträge waren unüblich: ein fester Handschlag zur Besiegelung eines Geschäftes war mehr wert als ein noch so schön formuliertes und unterschriebenes Schriftstück. Oft war der Wirt auch Schlichter und Zeuge bei den verwegensten Abmachungen, und Ansprechpartner war er ohnehin.

Heute verkauft Mr. Gallagher Kleidung und Damenunterwäsche anstatt Faßbier und Fleisch – aber Whiskey hat er immer noch auf Lager und den bestellt man am besten, bevor Michael Gallagher zu erzählen beginnt…

Wo einst Bier-und Whiskeyflaschen die Regale zierten, liegen heute Damenstrümpfe bereit:
Michael Gallagher's Pub in Ballaghadereen, Co. Roscommon.

Ungeteerte Straßen und kein Glas im Fenster: Gallagher's im Jahre 1890

CORCORAN
TOMMY CHIPPERF
WED 18th
NEW RO

oben:
David Corcoran nimmt die Ruhe im Pub gelassen hin. Sein täglicher Spaziergang ist ihm ohnehin lieber als übermäßige Betriebssamkeit.

links:
Gin aus Holland, Ingwerwein aus Dublin und Whiskey aus Cork waren Teil des Sortiments, das die Corcorans ihren Kunden einst anboten. Heute nimmt sich das Angebot an Getränken weit weniger spektakulär aus. Viele der Flaschen in der Stellage sind leer und dienen – mit Kronkorken versehen – als Dekoration.

David Corcoran hat insgesamt vielleicht noch drei Stammkunden. Jeder taucht zu einer bestimmten Zeit des Tages auf und ist mit einer kleinen Flasche Guinness zufrieden. Wenn sie eintreten, dient eine unauffällige Geste gleichzeitig als Gruß und Bestellung. Steht das Stout auf der Theke, folgt ein leises *thanks*; manchmal das erste Wort, das seinen *regulars* über die Lippen kommt.

Mr. Corcoran gehört zu den letzten Mitgliedern einer Generation, die den Wandel Irlands von der rebellischen Kolonie zum selbstständigen Staat miterlebten. Als die Nachricht der Unabhängigkeit durch das Pub drang, war er zwar noch ein Bub, doch auch er spürte die vermeintliche Dimension des Umbruchs. Daß die Errungenschaft der politischen Eigenständigkeit unter der Präsidentschaft von Eamon De Valera in den daraufolgenden Jahren die Erwartungen vieler Iren nicht erfüllte, zeigte sich mitunter am anhaltenden Emigrationszwang, der auf der Bevölkerung lastete. Corcoran's Pub war damals lizenzierte Agentur für den Verkauf von Schiffsfahrkarten, und David konnte zur Genüge beobachten, wie unzählige Tickets der Cunard Line für die Auswanderung nach Übersee über die Theke wanderten. Wer von New York aus weiter ins Landesinnere nach Chicago oder gar an die Westküste wollte, bat den Wirt um den Katalog für die entsprechenden Anschlußzüge. Corcoran holte ihn heraus und gemeinsam studierte man das Wirrwarr aus Zeiten und Preisen.

Seit damals scheint im Pub die Zeit stillzustehen. Nichts wurde verändert, und so blieben die Kunden langsam aus. David Corcoran nimmt die Ruhe im Pub gelassen hin. Und für den Fall, daß es ihm in seiner gemütlichen Küche einmal langweilig wird, begibt er sich einfach an die Türschwelle. Gesprächsstoff gibt es immer auf den Hügeln der Stadt.

Auch im Städtchen Moate, gelegen auf der Strecke zwischen Athlone und Kilbeggan, wird wie überall in Irland mit allen Mitteln versucht, Kneipen dem Zeitgeist anzupasssen, eine synthetische Moderne zu erreichen. Erkennbar an pflegeleichtem Furnier, billigen Reproduktionen alter Reklamespiegel, die zudem noch völlig hilflos plaziert sind, und im schlimmsten Falle an leuchtenden Kaminfeuer-Plastikimitationen in besonders heimeligen Ecken. Als Zugeständnis an den Fortschritt dienen überdimensionale Fernsehmonitore, durch die feudale Gesellschaftsereignisse (inclusive Seifenopern) aus aller Welt lautstark in die gute Stube übertragen werden – auch wenn niemand zusieht. Der vorbeirauschende Durchgangsverkehr draußen auf der Straße, der das Gelangen von einem Fast Food Restaurant zum anderen zum Risiko macht, paßt in dieses Bild der Konzessionen an den Fortschritt.

links: Treue Seelen in Moate: Seamus und Pat.

Doch all diese Kraftakte wollen nicht so recht fruchten. Trotz aller gutgemeinten Anstrengungen ist und bleibt der Ofen in McCormack's Pub das Aufregendste an Moate. Ansonsten schmucklos, bietet das Pub den letzten Gegenpol zur kommerziell ausgerichteten Hektik im aufstrebenden Städchen. Mr. McCormack, hinter dessen konzentriertem Blick beim Zapfen sich ein Mann der alten Schule verbirgt, tut nichts dazu, diesen Zustand zu ändern. Für seine

Für seine Kunden der Heiland in der grauen Kleinstadt: Mr. McCormack.

Kunden ist er der Heiland in der grauen Kleinstadt; sie erkennen den Wert dieses Refugiums mitsamt seinem schweigsamen Wirt. Wenn der Wirt schweigt, reden andere. Pat McCann findet hier ein geeignetes Erzählforum für das Erlebnis seines Lebens. Sein Nebenan, Seamus Morris, beginnt zu schmunzeln, als das Wort Havanna fällt. Schon unzählige Male hat er diese Geschichte mit angehört. Und dennoch nickt er nach jedem Satz anerkennend, wobei er uns zulacht und seine Pfeife anzündet, frei nach dem (alt-)irischen Motto „Als Gott die Zeit machte, hat er genug davon gemacht".

By day and by night: Gus O'Connor's Pub, Doolin.

GUS O'CONNOR'S PUB

HOUSEHOLD WAX CANDLES
NUGGET
NUGGET SHOE POLISH
DARK BROWN
BLACK
new Sunlight soap
IVY
BRASSO
LLOYTRON
TWO SLICE
AUTOMATIC TOASTER
CHEF
VINEGAR
orning
offee
x150g

„For sentimental reasons“ stapeln sich, fein säuberlich angeordnet und ohne ein Staubkörnchen, weiterhin Wachskerzen, Seife und Schuhcreme in den Regalen von Ms. Murphy's Pub & Grocery in Kilkee, Co. Clare.

Das Dörfchen Kilkee hat drei Besonderheiten aufzuweisen: Es ist ein wunderschönes Seebad an der Atlantikküste; es hat einen geräumigen Marktplatz auf dem im Gegensatz zu den meisten anderen Marktplätzen in Irland fast nie Autos parken und an dessen Nordende – das ist die dritte Besonderheit – sich eines der gepflegtesten alten Pubs auf *Erin's Green Isle* befindet: Murphy`s.

Murphy`s Pub ist seit Jahren geschlossen. Zugang erhält heute nur noch, wer der Besitzerin bekannt ist oder wer ihr Vertrauen gewinnen kann. Als nach der Auflösung des Marktes die Kundschaft weniger und das Geschäft unrentabel wurde, beschloß sie, den Ausschank mit integriertem Laden aufzugeben. Die sich anbahnende Ära der Modernisierung mit Plastik und Billigimitationen wollte sie ohnehin nicht mitmachen. Anstatt anschließend das Pub zu verkaufen oder zu vermieten, beließ die Besitzerin alles, wie es war. *„For sentimental reasons“*, wegen der schönen Erinnerungen, wie sie sagt.

Als Ms. Murphy, die sich partout nicht photographieren lassen wollte, vor einiger Zeit die Ansicht ihres *wee pubs* auf dem Irish Pubs Poster entdeckte, das in allen Tourist Shops zu haben ist, war sie geradezu entzückt. Hier habe endlich jemand den Wert ihres liebevoll gepflegten *old Irish pub* erkannt und diesen entsprechend gewürdigt.

Schließlich habe sie schon immer gewußt, welche die wahren Werte im Leben sind.

In Slane, Co. Meath, erklärte mir ein Ire, der sich hinter einer alten Mühle am River Boyne niedergelassen hatte, warum er Pubs nicht ausstehen konnte: „Aus eigener Erfahrung weiß ich, daß Kneipenaufenthalte unzufrieden machen und Abbhängigkeit verursachen. Aus meiner Sicht ist ein Pub sogar verabscheuenswürdiger als ein Freudenhaus, denn aus diesem kehrt der Besucher in der Regel befriedigt nach Hause".

Mit anderen Worten, der Mann geht lieber in einschlägige Etablissements als in Kneipen, was angesichts der Tatsache, daß es in Irland über 10 000 Pubs, dafür aber (zumindest offiziell) keinen Rotlichtbezirk mehr gibt, nur schwer nachvollziehbar erscheint. Letzteres beunruhigt das Gros der Iren indes wenig. Für sie ist ihre Stammkneipe das schönste Freudenhaus, das sie sich vorstellen können. Nikotingeschwärzte Wände ersetzen schwülstige Vorhänge; harte Holzbänke werden weichen Diwans vorgezogen. Für Erregung sorgen nicht erst babylonische Säulen im Inneren, sondern bereits das Berühren der zerschlissenen Kneipentür. Der Anblick des Wirts schließlich läßt die bei manchen vorher gehegte Sorge, man müßte das Pub am Ende des abendlichen Stelldicheins unter Umständen nüchtern verlassen, gänzlich vergessen.

Der Wirt ist ohnehin ein ausschlaggebendes Kriterium für dieWahl eines Pubs. Er wird an vielen Dingen gemessen. So soll er die Einfühlsamkeit in Person sein, ein wandelndes Sportlexikon und natürlich ein Meister seines Faches. Erfüllt er die beiden ersten Voraussetzungen, wird die Kundschaft nicht ausbleiben. Sein Ruf aber hängt von etwas ganz anderem ab – der Fähigkeit nämlich, ein Pint Guinness zur Zufriedenheit der Gäste zu zapfen. Ist das Stout rabenschwarz, eiskalt und steht es zu bald am Tresen, darf am Talent des *publicans* gezweifelt werden. Versteht er es jedoch, in das dunkle Bier jene Weichheit hineinzuzaubern, die es so berühmt macht, gilt er als privilegiert unter den Seinigen – ein Anspruch, dem er in allen möglichen Situationen gewachsen sein muß. Wird zum Beispiel gegen Schankschluß die Möglichkeit zur letzten Bestellung ausgerufen, kann der Andrang an irischen Theken eine für Nicht-Iren schier unfaßbare Dimension annehmen. Jeder Anwesende scheint an die Bar zu eilen, und während Festivals oder am Wochenende bilden sich regelrechte Trauben um den Tresen. Trotzdem entsteht hinter der Trennlinie aus Mahagoni oder Kirschholz keine Hektik, denn

Mr. and Mrs. Gartlan. Family Grocers and Tea, Wine, Spirit & Provision Merchants from Kingscourt, Co. Cavan.

lauthals vorgetragene Wünsche werden vom Wirt grundsätzlich ignoriert. Mit stoischer Ruhe merkt er sich eine unglaubliche Anzahl an Bestellungen, während er, auch beim Zapfen, mit unauffälliger, aber gezielter Mimik Aufforderungen zu neuen Ordern gibt.

Wenn an ruhigen Abenden oder tagsüber das Leben im Pub weniger arbeitssam abläuft, ändert sich die Rolle des Wirtes. Dann hat er Zeit, sich den Problemen seiner Kunden zu widmen. Soll die fünfte Tochter nun Fiona oder Maura heißen? Ist *Sleepy Joe* der Favorit fürs nächste Rennen oder *Twisted Look*? Soll man für die Hochzeit des Sohnes eigens einen neuen Anzug kaufen? Für Wirte, deren Wissen bei allzu grotesken Nachfragen nicht mehr ausreichte, die Wißbegier der Kundschaft zu befriedigen, ist eigens das Guinness-Buch der Rekorde konzipiert worden. Eine Antwort auf die Frage, wer denn der beliebteste Wirt im Ort sei, kann allerdings auch dieses Buch nicht geben.

Viele der irischen Wirte sind *teetotallers,* Antialkoholiker also. Paradoxerweise sind es aber genau sie, die das Guinness beim Zapfen mit geheimnisvollen Kreisbewegungen und Winkelveränderungen zu einem süffigen und wohltemperierten Genuß im Glas werden lassen. So bekommt man das beste Stout im Dorf zumeist bei abstinenten Junggesellen gesetzten Alters. Bei ihnen gilt Qualität vor Quantität. In spartanischem Rahmen wird der Kundschaft nur das Nötigste bereitgestellt. Sie bieten kein Essen an, keinen Fernseher, und Frauen werden im Pub lediglich geduldet. Von Anpassung an moderne Zeiten hält man wenig. Warum auch?

Zu den wenigen alten Pubs, die sich trotz wiederholter Modernisierungsversuche und trotz des Ansturms an Gästen – auch Pauschaltouristen werden bereitwillig versorgt – selbst nicht untreu wurden, gehört Gus O'Connor's Pub & Grocery in Doolin, Co. Clare (vgl. S. 28). Früher, als es noch ein *real old pub* war, trafen sich hier nur die Bauern und Fischer aus der Umgebung; gelegentlich

fanden sich auch Bewohner der Aran Islands ein, bevor sie vom Doolin Pier ihre Heimfahrt antraten; gelegentlich wurde auch damals schon musiziert. Der mittlerweile verstorbene Bauer und Musiker Micko Russell aus Doolin, der in traditionellen Musikerkreisen weit über Irland hinaus als hervorragender Flötenspieler bekannt war, sagte einmal, O'Connor's Pub wäre seine eigentliche Heimat gewesen. Heute ist O'Connor's ein beliebter Treffpunkt für traditionell-irisch orientierte Volksmusiker aus der ganzen Welt. Obwohl es mehrfach ver-

Conway's Bar, Rathmelton, Co. Donegal.

größert wurde, gibt es im Sommer regelmäßig Platzprobleme für Touristen und Einheimische, die beide von O'Connor's fasziniert sind – ein Zeichen dafür, daß es durchaus möglich ist, mit der Zeit zu gehen, ohne die Verbundenheit zur Tradition in den Hintergrund zu stellen.

Gleichermaßen Anziehungspunkt für Touristen und Einheimische ist Conway's Bar in Rathmelton, Co. Donegal. Ein Leben lang von Marie Ward durch gute und schlechte Zeiten geführt, stand das strohgedeckte Kleinod am Lough Swilly vor 25 Jahren zum Verkauf – und niemand wollte es. Als schließlich der Abriß bevorstand, schritten zwei befreundete Geschäftsmänner aus der Gegend ein. Tony O'Dowd und Thomas Kierney ließen das Strohdach neu decken, die Fassade streichen und das Innere der Bar feinfühlig renovieren (vgl. S. 70). Ein Glück – denn sogar im unwegsamen Nordosten der Insel sind nur sehr wenige der *real old pubs* erhalten geblieben.

HOPKINS

BAR

Irish Whiskey

Die Geschichte der großen Brennereien

„Dieser berühmte Whisky ist der feinste aller Spirituosen, hergestellt nur aus Malz, höchst vorsichtig destilliert. Sein reicher, voller Geschmack ist frei von Rauch und er wurde, wo immer man ihn reichte, ausnahmslos als das beste und sicherste Stimulans empfohlen. Unser Whiskey wird nur von führenden Weinhändlern, so wie ihn das Unterhaus seit vierzig Jahren bezieht, vertrieben." Gezeichnet Robert A. Taylor, Distillery, Coleraine, Ireland.

Diese Anzeige erschien 1897, als die Whiskeywelt auf der Insel noch in Ordnung war. Bestellungen aus dem ganzen Commonwealth waren an der Tagesordnung; die exportfreudigen Iren heimsten auf Weltausstellungen eine Goldmedallie nach der anderen ein. Ihre Produkte standen im Ausland, vornehmlich in England, auf der Wunschliste ganz oben. Qualitätsmerkmal war die Destillation in riesigen Kupferkesseln, das sogenannte *pot still* Verfahren. Ziel war die Erzeugung von absolut purem, jahrelang im Holzfaß gereiftem Whiskey, der mit keinen leichteren oder unreifen Destillaten verschnitten wurde. Manche Destillerien ließen ihre besten Whiskeys über zwanzig Jahre im Faß. Danach lieferte man ihn entweder aus – ließ man ihn länger reifen, nahm er einen holzigen Geschmack an – oder füllte ihn in Flaschen ab. So konnte man den hohen Reifegrad konservieren, denn einmal abgefüllt, reift Whiskey nicht mehr weiter. Weitere Kennzeichen fabrikgefertigten irischen Whiskeys waren (und sind) die Mitverwendung von ungemälzter Gerste, das dreifache Brennen des Destillats und das Fehlen eines Rauchtons, da zum Heizen der Darre in Irland aus geschmacklichen Gründen kein Torf, sondern Kohle benützt wird.

Kein Mensch dachte damals an einen Abschwung des florierenden Geschäfts. Die Probleme der irischen Whiskeyerzeuger reduzierten sich auf die ohnehin immer geringer werdende Konkurrenz der heimischen Schwarzbrenner und auf den Mißbrauch der Bezeichnung *Irish Whiskey* im Ausland. Gegen Ende des neunzehnten Jahrhunderts gab es gewichtige Probleme mit unlauterem Verkauf von Fusel, der unter der ungeschützten, aber qualitätstragenden Bezeichnung *Fine Old Irish Whiskey* das echte, qualitativ hochwertige Produkt in Verruf brachte. Um Whiskey als Irish etikettieren zu dürfen, reichte es innerhalb des Vereinigten Königreiches nämlich aus, minderwertigen Whiskey jeglicher Herkunft mit einer geringen Menge irischen Whiskeys anzureichern, was seriösen irischen Brennern natürlich ein Dorn im Auge war. Ihrer Ansicht nach bedurfte es einer klaren Ausweisung der Attribute *pure, unblended, pot still*; darüber hinaus sollte Whiskey nur dann das Prädikat Irish tragen dürfen, wenn er zu hundert Prozent aus Irland stammte. Als der geschäftsschädigenden Praxis 1907 durch einen Regierungsbeschluß endlich ein Riegel vorgeschoben wurde, nahte jedoch bereits ein weitaus gravierenderes Problem.

Kurz nach der Jahrhundertwende trat eine Wandlung in den Trinkgewohnheiten der Kunden jenseits der irischen See ein. Es gelang schottischen Brennern, unreife Destillate so mit rei-

Lieferte seinen Malzwhiskey ans Unterhaus: Robert A. Taylor

Einst Konkurrent für seinen Bruder John, heute vergessen: William Jameson

fem Whiskey zu vermischen, daß er auf dem englischen Markt angenommen wurde. Leichtere Verschnitte, die zudem billiger waren, eroberten nun die Gunst der Kunden. Bald darauf kollabierte der amerikanische Markt. Die Prohibition zeigte erste Auswirkungen; die ausfuhrorientierten irischen Unternehmer mußten ihre Erzeugung drosseln. Als sich der Markt wieder öffnete, war man auf der irischen Seite wegen der eingeschränkten Produktion und der langen Reifezeit nicht in der Lage, ad hoc genügend Whiskey in die U.S.A. zu liefern. Die Schotten nutzten die Gunst der Stunde und füllten das Vakuum mit ihren Erzeugnissen. Für den *Irish* begann fortan eine schwere Zeit. Mit den zusätzlichen Auswirkungen der Weltwirtschaftskrise belastet, mußten viele Destillerien, darunter die beiden einzigen noch verbliebenen in Belfast, ihre Tore schließen. Die anderen standen vor einer dringend anstehenden Ent-

Gängiges Spirituosenangebot eines irischen Pubs in den zwanziger Jahren

scheidung. Sollte man dem im Ausland herrschenden Trend nach leichteren Erzeugnissen nachgeben oder am eigenen Gütemaßstab festhalten? In Irland setzte die überwiegende Zahl der Verantwortlichen weiterhin auf das *pot still* Verfahren. Der traditionsorientierte Entschluß führte zwar zur Beibehaltung des hohen irischen Qualitätsstandards und der monopolartigen Beherrschung des heimischen Marktes; der Auslandsmarkt ging jedoch fast vollständig verloren. Erst in den sechziger Jahren erhielt die irische Whiskeyindustrie neue Impulse. Zugeständnisse an den Geschmack der Verbraucher ließen die Exportraten wieder ansteigen. 1966 schlossen sich die verbliebenen Brennereien zum Verband der *Irish Distillers Group* zusammen, einer Kooperative der Firmen John Jameson & Son, John Power & Son, Cork Distilleries Company, Old Bushmills und Tullamore Dew.

John Jameson gilt heute als *father figure of the Irish distilling trade. 'Old John'* kam 1770 aus Schottland nach Irland und kaufte sich bald darauf in eine der vielen kleinen Dubliner Destillerien ein. Nachdem er um 1800 die Hauptanteile an der Fabrik erworben hatte, führte er seine Söhne in das Geschäft ein. Nach seinem Tod übernahmen sein ältester Sohn John die Bow Street Distillery (John Jameson & Son) und sein zweiter Sohn Willliam die in der Zwischenzeit erworbene Marrowbone Lane Distillery (William Jameson & Co.) Der Whiskey aus der Bow Street Distillery galt als der Aristokrat unter den irischen Whiskeys. Der Werbespruch der Firma *„not a drop is sold till it's seven years old"* offenbarte John Jamesons Anspruch, jeden anderen Whiskey an Qualität zu übertreffen. Er legte großen Wert auf die Verwendung bester Materialien, darunter feinster irischer Gerste, für die er die höchsten Preise zahlte. Seine Mühe zahlte sich aus: In Dublin und den USA galt Jameson als der begehrteste irische Whiskey.

Kopfzerbrechen bereitete dem erfolgsverwöhnten Geschäftsmann allenfalls sein ebenfalls in Dublin ansässiger Konkurrent John Power, der mit seinem Produkt bereits damals den ländlichen Markt dominierte. (In einigen der we-

Auch über 100 Jahre nach Erhalt der Only Gold medal for Whiskey in Competition with all classes, Paris 1889…

…noch immer verträumt und einladend: Bushmill's Distillery

nigen noch existierenden Dorfkneipen alten Stils ist die Beliebtheit dieser Marke auch heute noch so eindeutig, daß dort reihenweise Powers Flaschen über die ganze Stellage verteilt sind und kein anderer Whiskey angeboten wird.)
John Power hatte mit seinem Produkt den Geschmacksnerv der Nation getroffen. Ein anderer Grund für Powers Popularität war seine Nähe zur ländlichen Bevölkerung. Power, der selbst aus Wexford kam, beschäftigte von September bis März Bauern aus Wexford in seiner Brennerei und schickte sie danach wieder nach Hause auf die Felder, um für ihn Korn anzubauen. Den Weg von und nach Dublin gingen die Bauern gemeinsam zu Fuß. Höhepunkt während des halben Jahres in Dublin war für die Arbeiter eine Einladung zu einem besonderen öffentlichen Ereignis. Im Centenary Wexford Stores Pub in Wexford hat ein Beweisstück dieser Verbundenheit überlebt: eine aufwendige Großphotographie aller Farmer des County Wexford, die 1896 der Einladung John Powers auf die *Dublin Agricultural Winter Show* gefolgt waren.

John Power, der die von seinem Vater im Jahre 1791 an der damaligen Westgrenze der Stadt gegründete John`s Lane Distillery übernahm, trat immer wieder als Vorreiter auf, wenn es darum ging, Neuerungen einzuführen. Auf seine Initiative hin erschienen die ersten Miniatur-Whiskeyflaschen, die

Trumpfte einst mit eigener Kapelle auf: Cassidy's Distillery in Monasterevan, Co. Kildare

Baby-Powers, auf den Thekenblättern der Nation. Aufsehen erregte er auch mit seinem Entschluß, einen Teil seiner Produktion bereits in der Brennerei in Flaschen abzufüllen. Früher hatte auch er all seinen Whiskey in Fässern an die Wirte oder Zwischenhändler geliefert. In den Pubs wurde er dann direkt vom Faß gezapft und an den Kunden gereicht. Wer sich Flaschen leisten konnte, ließ sich hin und wieder eine Flasche abfüllen. Die meisten Pubbesucher tranken jedoch – so wie es heute noch Usus ist – lieber im Whiskey Shop als zu Hause. Wirte und Händler kennzeichneten den Whiskey mit Etiketten, die mit dem Namen des Herstellers, des Produkts und ihrem eigenen versehen waren. Ein Teil der Spirituosenhändler verzichtete sogar auf die Benennung der Marke und stellte ihr eigenes Warenzeichen in den Vordergrund. Der im Norden Irlands weithin bekannte *McConnell's Whisky* war kein Erzeugnis einer bestimmten Destillerie, sondern eine streng geheim gehaltene Rezeptur verschiedener Whiskies, die der gleichnamige Händler aus Belfast in seinem Sortiment hatte. Die Whiskeyhändler Millar & Co., Gilbey & Co. und Bagot, Hutton & Co., um nur einige Dubliner Pendants zu nennen, erreichten ihre Berühmtheit auf dieselbe Weise.

Zwischenhändler sind heute die Ausnahme. Dafür sind die wenigen, die sich über die Zeit retten konnten, in der glücklichen Lage, zum Teil große Bestände alten Whiskeys in ihren Kellern ihr eigen nennen zu können. Die in Waterford ansässige Weinimportfirma Henry Downes & Co., deren ehemalige Lagerräume heute ein Ausschanklokal beherbergen, verkauft auch zweihundert Jahre nach der Gründung im Jahr 1797 noch immer ihren mit eigenem Trademark versehenen *Irish Whiskey No. 9.* Nur einen Steinwurf von Downes' entfernt, in Waterfords Moondharrig House, 20 O'Connell Street, hat sich ein kleines Pub mit eigener Philosophie gehalten, in dem die geheime Kunst der hauseigenen Whiskeyabfüllung aufrechterhalten wird. Hält man sich an die Regeln des Wirtes, Thomas Maher, hat man auch die Chance, eine Flasche der Mixtur zu ergattern. (Freilich hilft alles nichts, wenn er wieder einmal ausverkauft ist.) Sein erster Grundsatz betrifft die Handhabung seiner Öffnungszeiten und seinen zweiten nennt er gleich im Anschluß: *„Not too early, not too long, not too late, – and no women in here."* Seine Öffnungszeitregelung (12.00 – 14.00, 17.00 – 19.00, 20.00 – 21.30 Uhr) dient zur Abschreckung allenthalben vorhandener, notorischer

Trinker, und Frauen, sagt er schmunzelnd, brächten den Betrieb durcheinander. Wer dem Meister jedoch genügsam erscheint, erhält auch außerhalb dieser Zeiten Zutritt in das letzte genuine Pub Waterfords. Das gilt auch für Frauen, denn Thomas Maher ist auch nur ein Mann, wenn auch der alten Schule.

John Powers Entscheidung, in der Brennerei auf Flaschen zu füllen, geht zurück ins Jahr 1886. (Die erste Flaschenabfülllung in Jameson's Bow Street Distillery erfolgte erst 1963.) Als Alternative zum gewohnten weißen Power's Etikett der Wirte wurden die fertigen Flaschen in der John's Lane Distillery mit einem goldenen Etikett versehen. Power's Initiative hatte Vor- und Nachteile. Der Vorteil lag darin, daß der Kunde bei der Forderung nach einem *Gold-Label* immer mit gleichbleibender Qualität des Inhalts rechnen konnte. Beschwerden über Panschereien oder ein schlecht gelagertes Faß konnte so vorgebeugt werden. Auf der anderen Seite war diese Praxis der Anfang vom Ende der irischen Whiskeyvielfalt. Obwohl John Power auch weiterhin Fässer lieferte, sank für die Wirte die Rentabilität der Eigenabfüllung. Der bequemeren Lösung einer Direktlieferung abgefüllter Flaschen stand ein arbeitstechnischer Mehraufwand mit Faktoren wie Fässerlagerung, Flaschenreinigung und Verkorkung gegenüber. Auch die Kontrolle der Stärke des selbstgemischten Whiskeys gestaltete sich aufwendig. So mußte für eine Prüfung des Alkoholgehalts ein speziell befugter Inspektor herangezogen werden, der mit Hilfe eines sogenannten Hydrometers den Wasseranteil im Whiskey testete. Man konnte natürlich auch ohne Inspektor und Hydrometer die Stärke des Alkohols messen. Die äußerst eigenwillige Art und Weise einer solchen Prüfung beschreibt John McGuffin in seinem Buch *„In Praise of Poteen"*: „Ein kleines Häufchen Schießpulver wurde mit dem zu testenden Whiskey benäßt und angezündet. Ergab das Gemisch eine stete Flamme, war die gewünschte Stärke erreicht. Eine zu schwache Zusammensetzung brachte das Gemisch lediglich zum glimmen, ein zu starkes *„might get your silly head blown off"*. Soviel zu den Testmethoden in der guten alten Zeit.

Die Verbreitung der Whiskeys war überregional. Aufzeichnungen des Wirtes John Reid aus Charlestown, Co. Mayo in den Jahren 1896–1903 belegen in etwa ebensoviele Lieferungen aus Newry (Matt Darey & Co.; Duncan, Alderdice & Co.) und Sligo (Foley & Co, Francis Higgins) wie aus Dublin und Belfast. O'Sullivan's Pub im Westen Irlands in Easkey, Co. Sligo, versorgte seine Kunden mit Whiskey aus dem Nordosten (Dunville's und Boyd's aus Belfast) und aus dem Süden (Cork Distilleries Co.). Mitverantwortlich für die Verbreitung eines Produktes war die Arbeit der *representatives*, der Vertreter. Der bekannteste von ihnen war ein gewisser Paddy Flaherty aus Cork. Aufgrund seines drahtigen Auftretens – gepaart mit einer gewissen Freigiebigkeit beim Spendieren seiner Proben – sprach man in Munster weithin von „Paddy, der den Whiskey bringt". Mr. Flahertys Beliebtheitsgrad brachte die Leute in der zweiten Dekade unseres Jahrhunderts dazu, antatt des umständlichen Markennamens *Cork Distilleries Company Whisky* lieber *Paddy's Whisky* zu ordern. In der Chefetage der Destillerie fiel alsbald der publikumswirksame Entschluß zu einer wohl einzigartigen Würdigung für die Verkaufserfolge eines Vertreters: Ein Extra-Etikett auf der Flasche trug von nun an Paddy Flahertys Schriftzug und einige Jahre später nannte man ihn dann ganz offiziell *Paddy's Whisky*. Auch die Entstehung anderer Markennamen birgt interessante Versionen irischen Einfallsreichtums. John Power's Etikettierung *Three Swallow Whiskey* zeigte drei Schwalben als Markenzeichen. Da *swallow* aber auch Schluck heißt, kommt der Genießer nicht umhin, beim Lesen dieser listigen Bezeichnung an drei genußvolle Schluck erinnert zu werden. Die Bezeichnung

'Tullamore Dew' beinhaltet ebenfalls ein Wortspiel. Der Werbeslogan *„Give every man his Dew"* heißt in Anmünzung an das Wörtchen *due* auch „Gib jedem Mann das, was er braucht". Darüber hinaus stehen die drei Buchstaben für die Initialen des Firmengründers D.E. Williams. Wem das noch nicht reicht, der kann eine Parallele zur Poteenumschreibung *mountain dew* erkennen. Inwieweit dies allerdings Absicht von Williams war, bleibt dahingestellt.

Die Bushmills Distillery im Norden Irlands steht im Ruf der ältesten lizenzierten Whiskeybrennerei der Welt. Ein Vertreter Jakobs I verlieh ihr im Jahr 1608 die entsprechende Erlaubnis. Das Vermächtnis von Old Bushmills besteht in der Wiederaufnahme der Produktion von Malz Whiskeys. Der Bushmills war bis vor einigen Jahren der einzige irische *single malt*, der an eine große Tradition erinnerte. Nahezu jedes Pub hatte früher Malz Whiskeys im Regal; der Wirt konnte auf eine große Anzahl an Brennereien zurückgreifen, die sie anboten. Mit dem Eingehen dieser Produktionsstätten verschwanden die *malts* von der Bildfläche. Erst der Initiative von Bushmills ist es zu verdanken, daß es 1984 wieder reinen irischen Malz Whiskey gab.

Um die Jahrhundertwende war Bushmills bereits weltbekannt. Auf den Weltausstellungen in Chicago (1893) und in St. Louis (1904) erreichte man ebenso die Goldmedaille für reine Malzwhiskeys wie vorher schon auf der *Exposition Universelle 1889* in Paris (vgl. S. 41), wo der Schah von Persien, umringt von Vertretern der Brennerei, mit einem *Bushmills pure malt* auf den gelungenen Bau des Eiffelturms anstieß. Die damals mit dem Export von Whiskey gesammelten Erfahrungen werden heutzutage geschickt umgesetzt und es sind im besonderen die Marken *Bushmills Malt* (ein zehn Jahre alter *single malt*, der in *pot stills* gebrannt wird), und Blackbush (ein *blend* mit hohem Malzanteil), die der Brennerei am Giant's

Causeway auch in Deutschland immer mehr Freunde bescheren.

Während sich die Iren schon immer darüber einig waren, den besten Whiskey zu produzieren, waren sie sich in der Schreibung des Wortes Whiskey keineswegs immer einig. Die Amerikaner schreiben ihren Whiskey mit *-ey*, die Schotten den ihren mittlerweile gänzlich ohne *e* und auf der grünen Insel hat man sich letztendlich auf die *-ey* Schreibung geeinigt. Obwohl heute in

Irland vielerorts stolz auf das identitätsträchtige *-ey* verwiesen wird, waren bis vor nicht allzulanger Zeit beide Variationen bei den Irish Whiskies möglich. Am häufigsten fand man die Whisky-Schreibung im Norden – sie wurde insbesondere von Whiskybrennern, die aus Schottland eingewandert waren, bevorzugt–, doch auch in Dublin (William Jameson, Dublin Whisky Distillery DWD) und in Cork (*Paddy's Old Irish Whisky* wurde erst unlängst zu *Paddy's Old Irish Whiskey*) existierte die kürzere Version. In manchen Companies wurde Whiskey für *pot still* Produkte verwandt und Whisky für *blended spirits*. So priesen Duncan, Alderdice & Co. aus Newry, Co. Down, ihr *finest old pot still* Destillat als *Special Solar Whiskey* an, während ihr anderes Erzeugnis – hier gehen wohl verschiedene Destillate Hand in Hand – als *Hand in Hand Irish Whisky* präsentiert wurde.

Er ist im besten Mannesalter, heißt Johann Kraft, kommt aus Dublin und wohnt seit seinem zwanzigsten Lebensjahr in Nordirland. Johann Kraft ist sehr kräftig und füllig. Auch ist er braungebrannt, obwohl er seine Behausung in Portadown, Co. Armagh, seit vielen Jahren nicht verlassen hat. Seine Beliebtheit – trotz seiner ständigen Anwesenheit geht er niemandem auf die Nerven – ist immens. Als ihn seine Familie in Dublin wegen seines reifen Alters zurückhaben, ja zurückkaufen wollte, regte sich Widerstand in seiner Anhängerschaft. Er blieb. Hier fühlte er sich wohl. Seine Unterkunft bezog Johann Kraft in einer prädestinierten Nische eines Lagerraums, wo er seitdem geduldig und in freudvoller Erwartung ausharrt. Jedesmal, wenn jemand sein Domizil betritt, regt sich in ihm die Hoffnung, endlich ans Ziel seiner Mission zu gelangen: Johann Kraft, alias *John Power,* wartet auf seine Abberufung in eines der eindrucksvollsten Pubs Irlands.

Ist es endlich soweit, wird zu seinen Ehren eigens eine kleine Zeremonie abgehalten. Äußerst vorsichtig führt ihn Eamon Molloy, der Geschäftsführer von McConville's Pub, an den Ort seines Wirkens. Er wird herausgeputzt und an einen repräsentativen, etwas nach oben abgesetzten Stellplatz hinter der Theke gebracht, von wo aus er für die gesamte Kundschaft sichtbar ist. Dann naht der Augenblick, auf den er so lange gewartet hat. In diesem kurzen, herbeigesehnten Moment, in dem

Johann Kraft, ein Stammkunde und ein stiller Beobachter: McConville's Wine and Spirit Store in Portadown, Co. Armagh.

er seinen Weg aus der Flasche ins Glas zurücklegt und auf der Theke endlich sein Bouquet entfalten darf, wird er mit dem Anblick eines Musterbeispiels viktorianischer Innenarchitektur belohnt.

Läßt er seinen wäßrigen Blick, der sich zwanzig Jahre mit der Ansicht der inneren Wölbung eines Holzfasses begnügen mußte, umherschweifen, bleibt er eine Weile an den herrlichen, im Originalzustand befindlichen *snugs* hängen. Die Menschenwesen, die er an der Theke entdeckt, erscheinen ihm skurril, sind sie doch darauf aus, seine Fülle der ihren hinzuzufügen. Beugt er sich nach vorne links, blickt er auf ein großes altes Bild der nahegelegenen Comber Destillerie; einstmals favorisiertes Produkt in Armagh, heute stillgelegt. Schaut er nach oben in die Stellage, findet er alte Kameraden aus Glas, verstaubt zwar, aber in Reih und Glied. *McConville's Navy Rum* heißt es da, hergestellt aus feinstem Zuckerrohr, importiert aus Jamaica. In ihrer Nähe entdeckt er einige bejahrte Flaschen australischen Weines,

erzeugt in den besten Weinbergen des Commonwealth. Absolute Reinheit garantiert. Gerne wäre er zu ihnen hinaufgeklettert. In einer '*spirit*-uellen' Gesprächsrunde hätten sie ihm sicher viel über die *good old days* des Pubs erzählen können. So aber wird er nie erfahren, daß das Pub, einschließlich der snugs, seit dem Bau des Hauses mittels eines ausgeklügelten Rohrleitungssystems zentral beheizt wird – mit ähnlichem Luxus konnte damals in Portadown nur die presbyterianische Kirche aufwarten. Aufgrund des ungünstigen Blickwinkels bleiben ihm auch die handbemalten Keramikfließen, die auf der Vorderseite der Theke angebracht sind, verborgen. Da müßte ihn schon jemand durch das Pub tragen. Nicht verborgen bleibt ihm der *wee man*, der kleine Mann, der selbstbewußt mitten auf der Theke steht. Die als Männlein getarnte Gasflamme wurde während des ersten Weltkriegs installiert, als infolge der herrschenden Rohstoffknappheit keine Streichhölzer zur Verfügung standen. Nach dem Krieg hatte das Männlein den Status eines Stammkunden inne und man hütete sich davor, es zu entfernen. Als Johann Kraft in die Nähe des besagten Männleins gelangte, glaubte er ein Zwinkern in dessen Augen zu sehen. Just in dem Augenblick jedoch, als er zurückzwinkern wollte, war es um ihn geschehen. Ein anderer Stammkunde hatte ihn an seinen endgültigen Bestimmungsort gebracht.

Wie in vielen anderen irischen Städten befand sich auch in Dundalk, County Louth, am Anfang des neunzehnten Jahrhunderts eine mehr oder weniger erfolgreiche Whiskeybrennerei. Der Ausstoß war gering; der Ruhm hielt sich in Grenzen, man schien der Konkurrenz aus Dublin und Belfast nicht gewachsen zu sein. Erst als im Jahre 1812 der aus Schottland eingewanderte Malcolm Brown die Brennerei übernahm, wendete sich das Blatt. Mit ihm begann die hundertjährige Blütezeit der Dundalk Distillery. Mr. Brown destillierte mit seinen über hundert Angestellten hervorragenden Whiskey und ließ die Anlage zum Vorteil der lokalen Industriebetriebe beständig modernisieren und vergrößern, wodurch er zur Freude der Stadtväter zu einem der größten Steuerzahler der Stadt avancierte. Die Früchte seiner harten Aufbauarbeit zu ernten, war ihm indes nicht vergönnt.

Als er 1836 achtundsechzigjährig starb, wurde er zu Dundalk auf dem Friedhof der Green Church (Church of Ireland) begraben. Er bekam jedoch – trotz seiner Verdienste als Arbeitgeber – kein Grab in der vornehmen Mitte des Friedhofs, sondern wurde am äußersten Rand an der Friedhofsmauer beigesetzt. Denn wer dazu beitrug, Menschen zum Alkohol zu verführen, hatte aus anglikanisch-protestantischer Sicht unabhängig von sonstigen Leistungen und Errungenschaften kein Recht darauf, in Kirchennähe neben unbescholtenen Mitbürgern begraben zu werden.

Durfte nicht unter den ehrenwerten Bürgern der Stadt begraben werden: Malcolm Brown.

Stout & Porter

Guinness is good for you

Wer in Irland dem Wirt beim Zapfen eines Guinness zusieht, wird fasziniert sein vom herabsinkenden, cremefarbenen Schaum im Glas, der sich, einem Naturschauspiel ähnlich, langsam von unten nach oben in das dunkle Stout verwandelt. Das Bier bleibt dem Zugriff des Gastes entzogen, bis es ganz im Glas ruht. Hält er es dann endlich in der Hand, gesellt sich zur Kunst des Zapfens die Kunst des Trinkens, ein eigenwilliges Ritual, das nur dem Gesetz des individuellen Geschmacks unterliegt. Gegenstand dieser Alltagskultur ist das Stout, ein dunkles, stark gemalztes, vollmundiges Bier, das unter dem Namen seines Brauers weltberühmt wurde.

Als im Jahre 1759 das gesamte Gelände einer Brauerei inklusive aller Einrichtungen zur Pacht anstand, griff ein gewisser Arthur Guinness zu. Bis 1799 orientierte er sich an der lokalen Brautradition und braute *Dublin Ale*, danach spezialisierte er sich auf die Herstellung eines dunklen Bieres, das unter der Bezeichnung *Porter* bis dahin nur in England gebraut wurde, sich dort größter Beliebtheit erfreute und zunehmend, durch englische Exporte ermöglicht, auch in Irland großen Absatz fand. (Benannt wurde es laut Volksmund nach den Lastträgern auf Londoner Bahnhöfen und Märkten, die das Bier zu ihrem bevorzugten Arbeitstrunk erkoren hatten.) Fünfundzwanzig Jahre später erweiterte Guinness die Palette seiner Porterbiere mit der Herstellung einer stärkeren Version. Dieses *Extra Stout Porter* – hierfür bürgerte sich bald die Kurzbezeichnung *Stout* ein – sollte der St. James's Gate Brewery zu ihrem endgültigen Durchbruch verhelfen. Bald nach seiner Einführung stach das *Guinness's Extra Stout* in London die Erzeugnisse der ansässigen Brauereien aus; der Export in andere Länder übertraf alle Erwartungen und in Irland lösten die Porterbiere mit Guinness als Marktführer den Whiskey als Hauptgetränk ab. In manchen Dorfpubs findet man noch heute vergilbte Reklametafeln mit der Aufschrift *Guinness only sold here*. Bis in die fünfziger Jahre unseres Jahrhunderts blieb das vollmundige Bier der *staple drink* der Iren. Erst die in den sechziger Jahren aufkommende Nachfrage nach hellen Bieren veranlaßte die Guinness Group dazu, die Produktion ihrer dunklen Biere auf das Extra Stout zu beschränken und die Herstellung von Ales und Lagerbieren zu forcieren. Treuen Anhängern des irischen Urbräus brach es beinahe das Herz, als Guinness 1974 die Produktion des Porter einstellte, worauf es in Belfast zu einer Trauerfeier für das letzte in Irland abgefüllte Faß kam. Nachdem Freunde des altehrwürdigen Bieres das Faß in einem Pub geleert hatten, trugen sie es, der Farbe des Verratenen entsprechend, in einem schwarzen Sarg zu Grabe.

Neben der herausragenden Qualität des Guinness waren raffinierte, mit immensem Aufwand betriebene Reklamefeldzüge, ungeheuere Finanzreserven und eine das ganze Land umfassende Infrastruktur für den märchenhaften Aufstieg der Brauerei verantwortlich. In der Brauerei selbst, in der im Jahre 1935 an die 3500 Personen angestellt waren, gab es ein eigenes Postamt und

GUINNESS

links:
Guinnessetiketten aus der Zeit der Jahrhundertwende.

rechts:
Guinness Reklametafel von 1896

eine große Druckerei, in der täglich 1.700.000 Flaschenetiketten gedruckt wurden, „die aneinandergereiht von Dublin aus über die irische See reichen würden." Für die Flaschenabfüllung wurde das Bier bis 1976 in Fässern an die Pubs geliefert. Den meisten Lieferungen lagen Etiketten bei, auf denen in roten Ziffern bis Anfang der fünfziger Jahre neben dem Namen des Wirtes auch – paarweise von hinten nach vorne gelesen – das genaue Datum der Abfüllung des Stouts vermerkt war. Das charakteristische Guinness-Etikett bekamen allerdings nur *publicans,* die ausschließlich das Stout der St. James's Gate Brewery zum Verkauf in Flaschen abfüllten. Durch diese Maßnahme sollte offiziell verhindert werden, daß minderwertiges Stout anderer Brauereien unter dem Namen Guinness verkauft wurde. Wirte, die sich auf diese Weise den Verkauf regionaler Stouts nicht vermiesen lassen wollten, zeigten sich von dieser Vorgabe jedoch wenig beeindruckt und ließen kurzentschlossen eigens für ihren Namen entworfene Guinnessetiketten drucken. Böttcher, die in riesigen Hallen arbeiteten, sorgten für einen genügenden Vorrat an Fässern; ein Analyselaboratorium prüfte die Reinheit der Porter – alles umrahmt von einem Heer an Hilfskräften, das den Brauarbeitern zur Seite stand. Ein Teil des Geländes endete am Viktoria Kai, von wo aus die mit Fässern beladenen Lastkähne ihre Reise ins Landesinnere antraten.

Stout heißt soviel wie füllig oder stark, was sich anfangs mehr auf den Alkoholgehalt des Bieres und später auf den vollen Geschmack bezog. *Guinness's Extra Stout,* von alten Haudegen wegen des fülligen, schwarzen Gewandes und weißen Kragens auch als *„parish priest"*, als „Gemeindepriester", bezeichnet, das „ebensoviel Macht habe wie ein Geistlicher auf der Kanzel", war früher so stark, daß, wenn man etwas davon verschüttete, ein auf der Theke über Nacht stehengelassenes Glas am nächsten Morgen nur mit einem kräftigen Ruck entfernt werden konnte. Der starken Wirkung des Gebräus bewußt, ließen listige Auktionäre auf Versteigerungen Fässer mit Stout bereitstellen, um die Stimmung und damit die Preise anzuheizen. Wem Stout zu stark oder Porter zu schwach war, konnte den Wirt beides mischen lassen. In Waterford verkaufte Geoffrey Power (Geoff's Pub) mit regem Absatz *a Blend of Guinness's Extra Stout and Porter* in Flaschen mit gleichlautendem *label.* In Dubliner Krankenhäusern galten die Guinness Porter als bewährtes Hilfsmittel bei der Heilung bettlägriger Patienten und in der Brauerei gingen tausende Briefe von Doktoren ein, die ihre Erfahrung mit dem Heilmittel Guinness schilderten. Bei Schlaflosigkeit, Verdauungsschwierigkeiten, nervöser Erschöpfung gab es nach Auskunft eines Doktors kein wirksameres Therapeutikum als den Genuß einer Flasche Guinness:
A Guinness a day keeps the doctor away.

GUINNESS & CO'S
LIMITED
Extra
Stout

Bis zum Jahre 1927 hatte Guinness kaum für seine Produkte geworben. Für Edward Guinness, den damaligen Vorsitzenden, stand fest, daß die Leute sein Bier der Qualität wegen tranken, nicht wegen irgend welcher unnötiger Lobpreisungen.

Sein Nachfolger Rupert Guinness dachte da anders. Er bedachte eine Londoner Werbeagentur mit dem Auftrag, sein Erzeugnis – im doppelten Sinne des Wortes – in aller Munde zu bringen. Zwei Angestellte der Agentur reisten über die irische See und studierten in Dubliner Pubs das Verhältnis der Konsumenten zu besagtem Gerstensaft. Das Resultat des Marketing Research stand in keinem Verhältnis zum Aufwand: Auf die Frage „Warum trinken sie gerade Guinness" kam wieder und wieder die simple Antwort „weil es mir gut tut." Zurück in London, fiel der Entschluß zur Adoption dieser Aussage. In Dublin stutzte man zwar ein wenig – hatte man die Agentur doch nicht beauftragt, etwas heraus zufinden, was sowieso schon jeder wußte –, beugte sich aber der Entscheidung. Der Slogan *Guinness is good for you* war geboren und er blieb als einer der erfolgreichsten Werbesprüche der Reklamegeschichte bis in die Gegenwart haften. (Als 1983 das ähnliche *Guinnless isn't good for you* vorgestellt wurde, glaubten viele Leute sogar an einen Druckfehler und riefen bei der Brauerei an.)

Anfang der dreißiger Jahre startete das Unternehmen eine Reklamegroßoffensive in Irlands Pubs. Lieferwagen und Vertreter wurden ins Land geschickt, um Kneipen mit Guinnesswerbungen zu überhäufen. Glänzende, mit Plastik überzogene Poster tauchten bald als neue Materialvariante auf. Ein prächtig anzusehendes, mit schwarzem Bier gefülltes Pintglas ersetzte auf den neuen Plakaten langsam das altgediente *label* – und praktisch immer befand sich der *Guinness is good for you* Slogan mit auf den *showcards*.

Der nächste Clou gelang mit der Verpflichtung des Künstlers John Gilroy, der auf den Schaum des Pintglases in genialer Schlichtheit ein lächelndes Gesicht malte. Seine Zeichnungen, die unter Überschriften wie *My Goodness My Guinness* oder *Guinness for Strength* immense Popularität erreichten, gipfelten in der Serie mit dem Zoowärter, dessen Tiere andauernd des Wärters Guinnessflaschen stibitzten. Die Tiere und ihr Wärter waren so bekannt, daß Guinness es sich 1953 leisten konnte, auf einem Gratulationsposter zur Krönung von Queen Elisabeth bei der Präsentation von Gilroys Tiergemeinschaft auf jeglichen Text zu verzichten.

Im Laufe der Jahre verpflichtete Guinness eine Reihe namhafter Künstler, darunter auch Ludwig Hohlwein, für die Schaffung ihrer anspruchsvollen Werbeplakate. Der textlichen Seite bescherte man, wenn auch mit leichter Verzögerung, die gleiche Aufmerksamkeit. Auf Plakaten und in aufwendig gedruckten Büchlein erschienen Parodien auf Robert Southey und Lewis Carroll. Carrolls „Alice im Wunderland" wurde umgetauft zu „Guinness im Wunderland" und von nun an hatte es die arme Alice nur mehr mit Stout trinkenden Märchenfiguren zu tun. Die Autorin Dorothy L. Sayers lieferte neben vielen Texten für die Agentur auch die Idee zur Präsentation eines Tukans, der auf seinem Schnabel zwei Guinness balancieren konnte. Verwendung fand er unter anderem als Standlampe auf der Kneipentheke, wohl mit der Absicht, Plakate mit der Aufschrift *Guinness is good for you* in dunklen Pubs zu erleuchten.

Über die Jahre waren sie verschollen, verschämt als unzeitgemäßes Überbleibsel aus der prä-televisionären Ära in dunklen Ecken und Kammern beiseite gelegt. Heute, da alte Guinness-Reklamen für manche Sammler das Nonplusultra darstellen, werden sie wieder aufgestöbert, poliert und an exponierten Stellen zur Schau gestellt.

My Goodness My
IS GOOD FOR YOU

Kundengunst

Wirt, Wirtin und die Gäste

Eine eigene Atmosphäre herrscht in Pubs, in denen eine Wirtin für das Wohl der Gäste sorgt. Der einzige Platz im Pub, an dem bis vor nicht allzulanger Zeit die Anwesenheit einer Frau den Segen der Obrigkeit fand, war hinter der Theke. Durch Moralbestimmungen der katholischen Kirche war Frauen der Zutritt in Schanklokale verwehrt. Geduldet wurde lediglich die Tätigkeit als Wirtin. Als Vorraussetzung hierfür galt allerdings der Ausfall von Ehemann oder Bruder als Geschäftsführer und natürlich absolute Abstinenz.

Für die vielen Junggesellen im prüden Irland hatte dies einen ganz besonderen Vorteil. So konnten sie sich wenigstens im Pub einer Frau nähern, ohne lange einen Grund dafür suchen zu müssen, und auch der Spott anderer, zumeist von der Mutter versorgter, Junggesellen, dem man draußen aus Neid oder Boshaftigkeit ausgesetzt war, blieb aus. Sogar hartgesottene Iren hatten deshalb nichts dagegen, wenn eine Frau in der Männerdomäne Pub das Zepter in der Hand hielt.

Wirtinnen in Irland vermögen, ohne die Schranke der Intimität aufzuheben, den Kunden durch einen kurzen Blick aufzumuntern und ihn postiv zu stimmen. Es sind in der Regel schüchtern wirkende ältere Damen, die ihr Pub souverän im Griff haben. Sie zapfen das Guinness oft noch liebevoller als ihre männlichen Kollegen, wovon man sich bei Ms. Rita Kerley in der Phoenix Bar in Dundalk und bei Mrs. Molly McGinley in Hughd's Pub in Dunfanaghy, Co. Donegal selbst überzeugen kann.

Die junge Generation der Wirtinnen ist modern und selbstbewußt und unterstreicht das sich langsam, aber sicher wandelnde Rollenverständnis in Irland. Viele Frauen, ob vor oder hinter der Theke, lösen sich zunehmend von der Last des ihnen aufoktroyierten Frauenbildes, das sie an den heimischen Herd verbannen will. Ihr Orientierungsmaßstab ist ein weltoffenes Selbstvertrauen, bei dem jeder Beeinflussungsversuch durch überholte Vorstellungen meinungsbildender Kräfte im Land von vorneherein zum Scheitern verurteilt ist.

Mrs. O'Connor hat in der Touristenhochburg Dingle vor allem eins zu tun: sich der vielen Souvenirjäger zu erwehren, die so gerne eine jener glänzenden und verlockend aufgestellten Guinnessreklamen, die sich seit Jahrzehnten im Hause O'Connor befinden, mit heim nach Übersee oder auf den Kontinent nehmen würden. Nach der obligatorischen Verneinung ihrer diesbezüglichen Anfragen stimmen die zunächst enttäuschten Touristen ein Heimatlied an und verbringen singend und trinkend den Abend, bis Mrs. O'Connor mit leiser, aber bestimmter Stimme einmal mehr das Ende einer feuchtfröhlichen Nacht verkündet.

Seit hundert Jahren in Frauenhand: Cairbre's Pub, Drogheda.

Only a few yards up the road from O'Connor's in Dingle: Bedienung in Dick Mack's Pub.

In Cairbre's Pub in Drogheda, Co. Louth, sind Roisin und Aine, die Töchter der Besitzerin Mrs. Caitlin Cairbre kurz davor, das Pub in die vierte Generation reiner Frauenvorherrschaft zu überführen. 1890 übernahm die Urgroßmutter das an den Docks liegende Pub. Damit sie dem frühen Durst der Hafenarbeiter gerecht werden konnte, durfte sie die Kneipe schon damals um sieben Uhr öffnen. Zur Zeit der Großmutter war der Tresen bereits vor der ersten Arbeitspause im Hafen lückenlos mit Pints of Ale and Porter vollgestellt. Nur so konnte sie den in ihren wuchtigen Stiefeln hereinströmenden Dockarbeitern in ihrer knapp bemessenen Pause ein ausreichendes Quantum an Bier bereitstellen. Doch ging es der Großmutter nicht in erster Linie ums Geschäft. Während der politischen Unruhen ab 1916 war das Lokal Anlaufpunkt für nationale Widerstandskämpfer, und von hier gingen auch wichtige Impulse für die Wiederverbreitung der gälischen Sprache in Drogheda aus. Der eigenwillige Entschluß der Mutter, das hauseigene Guinnessetikett in gälischer Sprache drucken zu lassen, rundet die eigenständige, von Frauen geprägte Tradition des Pubs ab.

Heute ist das Pub nach wie vor die erste Adresse der Hafenarbeiter in Drogheda. Roisin und Aine, die beide im Pub aufwuchsen und perfekt gälisch sprechen, versuchen jedoch, das Pub auch für andere Besucherschichten interessant zu machen. So finden Sonntagmittags Musikertreffs statt, die Musiker bis aus Dundalk und Dublin anlocken. Reger Besuch von Frauen und Kindern lockert die Stimmung ebenso auf wie die noch vorhandenen Utensilien aus den Tagen, als im Pub noch Schifftickets der White Star Line für die Emigration nach Amerika verkauft wurden.

Das öffentliche Domizil des *publicans* übt auf alle Bevölkerungsschichten eine magische Anziehungskraft aus. Gestreßte Familienväter flüchten vor sechs oder mehr Kindern ins Pub, während gelangweilte Angestellte mit einem Abstecher dorthin etwas mehr Aufregung in ihr Dasein bringen wollen. Manche Iren vermitteln gar den Eindruck, sie hätten ohne die Aussicht auf den abendlichen Pubbesuch keine Motivation für den Tag. Früher, als die Kneipen an Sonntagen grundsätzlich geschlossen hatten, gestaltete sich diese Motivationsfindung als besonders schwierig. Am Tage des Herrn war die Einkehr in Lokale nämlich nur Reisenden gestattet, die mindestens zwölf Meilen von ihrem Wohnort entfernt waren. Wer trotz dieser gesetzlichen Barriere dem Reiz eines frischgezapften Pints nicht wiederstehen konnte, mußte sich demzufolge aufs Fahrrad schwingen und sich auf die Suche nach einem Pub mit einer 'Sieben Tage Lizenz' machen, das zur Bewirtung des Reisenden verpflichtet war. Natürlich ist dieses Gesetz von manchen Wirten in recht wohlwollender Weise auch innerhalb dieser Entfernung angewandt worden. In manchen Fällen reichte lediglich ein vorgezeigtes Straßenbahnbillet, um als 'Fremder' eingelassen zu werden. Doch damit war die Palette der abstrakten Gesetzesphilosophie irischer Wirte noch lange nicht erschöpft. Eine Anekdote aus der Gegend nördlich von Dublin berichtet von einen Wanderer, der Sonntags in ein Pub einkehrte, ein Bier bestellte und mit den anwesenden Kunden diskutierte, ob er denn weit genug von zuhause weg sei. Nach einer guten Weile beendete der Wirt, der jeglichen akademisch anmutenden Meinungsaustausch für überflüssig hielt, die Debatte mit den Worten: „Schluß jetzt! Was soll das Gerede. Ich hab' doch sowieso nur eine *six-days licence.*"

Am Beginn unseres Jahrhunderts hatte das Pub in einer landwirtschaftlich orientierten Gesellschaft noch eine weitere Bedeutung: An Markttagen diente es den vielen Farmern, die mit ihren Tieren wegen der Unwegsamkeit und den mangelnden Transportmöglichkeiten schon lange vor Sonnenaufgang vom Bauernhof zum Markt aufbrechen mußten, als Ersatzheimat. Hauptzweck war natürlich die Aufnahme flüssiger Nahrung; darüberhinaus aber hatte das Pub speziell an Markttagen eine besondere Funktion. Unverheiratete Bauern, die zu solchen Gelegenheiten nach der Frau fürs Leben Ausschau hielten, konnten im *snug* ungestört ein Gespräch mit einem der heiratswilligen Mädchen führen, die sich

speziell zum Zwecke der Eheanbahnung im Dorf eingefunden hatten. Die Mädchen wurden von den zumeist älteren Junggesellen auf der Straße angesprochen und zu einem Getränk eingeladen. Den damaligen Gepflogenheiten entsprechend verliefen die Tête-à-têtes in

Geoffrey Power's (Geoff's) Bar, Waterford

den *snugs* nach einem bestimmten Muster, in dem der ökonomische Aspekt solch abwegige Gedanken wie Zuneigung oder gar Liebe fast völlig verbannte. Bei den vertraulichen Gesprächen drehte es sich eher um die Anzahl der Kühe im heimischen Stall denn um romantische Gefühlsäußerungen. Nach dem Rendezvous nahm der Alltag wieder seinen Lauf. Neue Käufe wurden getätigt, per Handschlag besiegelt und anschließend ausgiebig begossen. Gegen Ende des Tages versammelten sich vom Leiharbeiter bis zum vornehmen Kommissar aus der Stadt alle, die auf dem Markt etwas zu tun gehabt hatten, im Pub. Gefeiert wurde trotz des langen Heimweges bis spät in die Nacht und manche Ehe, die vormals auf einem Markt ihren Anfang nahm, wurde ob dieses Gebarens hart auf die Probe gestellt.

Vielleicht ist die bemerkenswerte Unvoreingenommenheit, die auch heute noch in fast allen irischen Pubs vorherrscht, ein Überbleibsel aus dieser Zeit. Egal ob Hotelpub oder einfache Landschänke, das Publikum scheint auf gesellschaftliche Etiketten keinen Wert zu legen. Herzliche Gesprächsrunden mit Bauern, Arbeitern, Lehrern, Bankangestellten, Managern oder Grundstücksmaklern lassen sich allenthalben beobachten. Hotelpubs sind nicht nur für jedermann zugänglich, sie werden auch von jedermann besucht. Touristen, diesbezüglich verwundert, reagieren angetan auf das freundliche *„hello there!“* des etwas schmuddelig wirkenden Iren im unzeitgemäßen Anzug, dem das Hemd aus der Hose hängt. Berührungsängste gibt es kaum, das ir(d)ische Kneipenglück wird mit allen geteilt. Im Gegensatz zu den Touristen, von denen viele beim ersten Besuch der Insel „eine Art nordisches Land des süßen Nichtstuns an den Ufern des Flusses Guinness“ (B. Lehane) erwarten, sind die Iren natürlich eher skeptisch, wenn es um die Beurteilung ihres Landes geht. Seit langem zur Auswanderung gezwungen, nahmen sie zumindest die Institution des irischen Pubs und ihre Gewohnheiten mit nach England und Amerika. In einem 1902 erschienen deutschen Sachwörterbuch mit dem Titel 'Land und Leute in England' heißt es unter der Überschrift 'Trunksucht': „Wenn die Läden in London längst geschlossen haben, strahlt die Bar noch hell ins Dunkel der Nacht hinein, und an den verschiedenen Eingängen dieser Schänken sammeln sich durstige Menschen. Ein kleiner Teil der englischen Arbeiter, darunter namentlich Irländer, kennt kein größeres Vergnügen als mit Hilfe des Gin, Whisky oder des alkoholreichen englischen Bieres sich einen derben Rausch zu trinken, und man kann nach Mitternacht, um welche Zeit die Schänken schließen müssen, oft Menschen in betrunkenem Zustande durch die Straßen wanken sehen.“ Um 1880 gab es in Chicago über

Warten auf des Vaters attraktive Tochter. Taylor's Pub, Galway

FINE OLD
IRISH
WHISKEY
TRADE MARK
A. MILLAR & Co. Ltd.
DUBLIN.

hundert Geschäfte unter irischer Führung – darunter viele *Liquor Shops*. Erfolgreiche Iren in den USA begründeten die Meinung, jeder halbwegs arbeitswillige Landsmann müsse es dort ohne größere Schwierigkeiten zu etwas bringen. Für viele Iren erfüllte sich die Verheißung des Lands der unbegrenzten Möglichkeiten jedoch nicht. Der zwar fleißige, aber nicht vermögende Paddy stand dann vor der Möglichkeit, nach Hause zurückzukehren und sich als einer, der es scheinbar nicht geschafft hat, der Schmach der Dorfbewohner auszusetzen oder aus der Situation das beste zu machen und seinem Heimatland für immer den Rücken zu kehren. Als dauerhaftes Trostpflaster dienen ihm bis heute die zahlreichen irischen Pubs im Ausland. Dort, so Patrick Kavanagh, trifft er seine anderen Freunde aus der Grafschaft Mayo, *„drinking beer and discussing every kick of every football game that was played in Ireland from the year 1900 onwards.“*

Ein weiterer Halt für Iren in der Emigration ist die irische Volksmusik. In wohl allen Irish Pubs im Ausland wird regelmäßig oder zumindest zu bestimmten Anlässsen musiziert. Zuhause nimmt die irische Volksmusik trotz der massiven pop- und konsumorientierten Medieneinflußnahme als Symbol für künstlerische und kulturelle Eigenständigkeit eine außergewöhnliche Rolle ein. Im Gegensatz zu anderen europäischen Ländern verliert sie nicht an Wert, sondern avanciert immer mehr zum Medium nationalen Selbstbewußtseins. Jeder Ire scheint in der Lage zu sein, eine kleine Melodie auf der Blechflöte zu spielen oder ein Lied aus seiner Gegend zu singen. Und vor allem im Pub lebt die Musik auf. Das Pub hat als Darbietungsforum für Musik und Tanz die Küche, in der man sich früher traf, abgelöst. Als ich eines Nachmittags in Boyle, Co. Roscommon, vor einem Regenguß flüchtend, wahllos in einem Pub Zuflucht suchte, fand ich eine Gruppe von etwa zehn Männern vor, von denen einer auf einem Stuhl saß, zwei andere sich gegenüberstanden und die anderen einen losen Kreis bildeten. Bald darauf begann der Mann auf dem Stuhl auf einer *tinwhistle* eine Polka zu spielen. Es folgte ein rythmischer, beinahe verbissener Tanz der beiden Männer, begleitet von Zurufen aus dem Kreis. Sie gingen völlig in ihren

Bewegungen auf und beendeten, wie von einem unsichtbaren Signal geleitet, ihren Set exakt im selben Moment. Nach einer kurzen Verschnaufpause lobten sie sich gegenseitig und erfreuten sich des herzlichen Beifalls.

Nicht alle Wirte stehen dem Musizieren in Pubs positiv gegenüber. Viele lassen es nur halbherzig zu, wenn dadurch zusätzliche Gäste ins Lokal gelockt werden. Auf der anderen Seite gibt es Pubs, in denen Musiker regelrecht wohnen. Rund um die Uhr spielbereit, warten sie auf gleichgesinnte Verfechter der irischen Musiktradition, die sich mit ihnen messen oder von ihnen lernen wollen. Colum Sands, Mitglied der irischen Folk-Band The Sands Family aus den Mourne Mountains, erklärte dem Publikum auf einem Konzert einmal, daß er einige der jigs and reels in seinem Repertoire schon als Kind in der Dorfkneipe gelernt hatte. Als er die verdutzten Blicke in der versammelten Fangemeinde bemerkte, fügte er schmunzelnd hinzu: „Wir saßen als Kinder nämlich immer draußen vorm Fenster und hörten uns die schönen Melodien an."

„There is a session on in McManus' pub tonight." Der Mann zwinkerte mir zu und meinte noch gutgelaunt: *„It'll be a different one."* Durch diese Andeutung neugierig gemacht, fand ich mich an jenem besagten Montagabend in McManus' in Dundalk, Co. Louth ein. Der vordere Raum, in dem die Sessions stattfinden, war bereits verraucht und voller Stimmengewirr, gegen das sich die Musik kaum durchsetzen konnte. Kein Ire erstarrt übrigens in Ehrfurcht vor in Pubs dargebotener Musik. Musik ist für ihn allenfalls gleichwertiger Bestandteil des Abends wie Lachen, Reden oder Trinken. Eine Ausnahme gibt es höchstens, wenn eine Frau mit schöner, leiser Stimme *sean nos* (a capella) zu einem Lied anstimmt. Heute aber wurden Bluegrass Music und Country Blues gespielt, und Songs von Bob Dylan, John Prine und Woody Guthrie interpretiert. Es wurde laut gesungen, zwei- und dreistimmig, nicht perfekt, aber aus einem inneren Bedürfnis heraus. Improvisation war angesagt; auf das bei der traditionellen Musik übliche exakte Auszählen der Takte und Wiederholungen wurde verzichtet. Wuchernd, ja unkrautartig wäre die Musik, die man Montagabends hier hören könne, erklärt mir Brian Coogan, während er mit seiner Mandola die ersten Töne zu *Soldier's Joy* spielt. Pat Brenton macht einen langen Zug an seiner *roll-up*, seiner selbstgedrehten Zigarette, bevor er zur Gitarrenbegleitung ansetzt und Brendan Hearty stimmt seine Mandoline noch etwas nach. Und ein begeisterter Zuhörer spendiert eine Runde Guinness für die Musiker, denn auch für Musiker gilt: *Guinness gives you strength!*

On a Sunday morning in Cairbre's Pub, Drogheda.

Paolo Soprani

War das eine Freude! Er konnte es gar nicht fassen. Und wieder ein Krachen und noch ein Scheppern. Es herschte eine ausgezeichnete Stimmung unter den Beteiligten einer Aktion, die den Anschein einer wütenden Razzia erweckte. Der rechte Moment, überschüssige Kräfte abzulassen, ja Agressionen abzubauen. Ort des Geschehens? Ganz einfach: ein Pub. Ein altes, ein gewachsenes, jahrzehntelang liebevoll gepflegtes Pub. Daß sein Vorgänger– wäre er noch nicht bei Cuchulainn und Ferdia im Reich der Toten – bei diesem Anblick vor Wehmut gestorben wäre, kümmerte Ronald Rice wenig bis überhaupt nicht. Sein Ziel, seine Vorstellung vor Augen, ging der neue Besitzer den Weg, den er gehen mußte. Er hatte die alte Hütte ja schließlich nicht gekauft, um im Dorf als Museumswärter belächelt zu werden. Er ließ alles, ja wirklich alles heraus reißen, einer „modernen" Einrichtung zuliebe, die Maßstäbe setzen sollte für alle Pubs in der Gegend. Was das Räumungskommando im ersten Stock verstaubt und scheinbar verwahrlost auffand, wurde unter ekelempfindendem Gesichtsausdruck in hohem Bogen aus dem Fenster geworfen und die Schätze der Bar wurden erbarmungslos entwürdigt : *„One more for the dump, yeah!"*.

Endlich raus mit dem Schrott und am besten schnell. Diese Devise verfolgten unzählige Wirte seit sich spätestens mit dem Beitritt zur EG in Irland die Meinung durchsetzte, nur gänzlich modernisierte Restaurationsbetriebe würden einen wertvollen Beitrag zur Annäherung an die zivilisierte Welt liefern. Völlig intakte, traumhaft schöne Pubs, deren einziger Fehler war, daß sie alt waren, hatten im Zuge dieser Mobilmachung keine Chance. Heute finden wir zum Glück eine andere Situation vor. Zwar werden manche Pubs bei einem Generationswechsel weiterhin gnadenlos vergewaltigt; die Mehrzahl der Wirte jeden Alters aber weiß in zunehmendem Maße den Wert alten Kneipenguts zu schätzen. Die Zeiten sind vorbei, in denen altes Interieur unbeachtet blieb. „Noch vor zehn Jahren", erzählte mir ein Flohmarktverkäufer aus Derry, „haben die Kids hier in den Straßen mit alten Guinnessreklamen Fußball gespielt. Heute zahlen mir die Leute *good money for it.*"

Ronald Rice warf damals – im wahrsten Sinne des Wortes – „mindestens" fünf massive Whiskeyspiegel und eine unersetzliche, maßgefertigte Mahago-

Von Tony O'Dowd und Thomas Kierney, den neuen Besitzern, gehegt und gepflegt: Conway's Bar, Rathmelton, Co. Donegal.

nitheke, über deren Wert man am besten gar nicht redet, aus seinem Pub. Ganz abgesehen von den Bierpumpen mit den Porzelangriffen, den schweren Pintgläsern und den alten Whiskeyfässern der Persse's Destillerie aus Galway. An solche Torheiten errinnert, reagiert er leicht unwirsch. Hat er doch kürzlich den Nutzen und die Schönheit dieser Dinge erkannt, als sein Nachbar eben solche Dinge frisch poliert in sein Fenster legte und somit sichtlich Eindruck auf Touristen machte. Belastend wirkt in diesem Zusammenhang natürlich auch die ihm überbrachte Nachricht, daß Liebhaber alten Kneipenguts mittlerweile durchaus dazu bereit sind, das ein oder andere Schmuckstück gegen harte Währung einzutauschen.

Sein Nachbar hingegen erkannte damals instinktiv den Wert dessen, was er auf seinem Grundstück herumliegen sah. Lieber mal liegenlassen, dachte er sich, man weiß ja nie... Andere Kollegen wiederum, die beim Kauf oder der Übernahme eines Pubs nichts dergleichen vorfanden, aber ebenfalls versuchen wollten, an die irische Kneipentradition anzuschließen, machten sich auf die Suche nach altem Pub-Interieur und wurden in Hinterhöfen, Dachstühlen und auch Antiquitätenläden fündig. In den letzten Jahren gab es vielerlei Ansätze eines neuen Kneipenverständnisses im traditionellen Sinn. Ob sich dies nun in gefühlvoller Präsentation oder in hoffnungslos überfüllten Pubwänden manifestiert, ist zweitrangig. Wichtig ist, daß altes Kneipengut heute als Zeugnis einer vergangenen Alltagskultur anerkannt wird.

Zu den Wirten, die erfolgreich versuchen, an die irische Kneipentradition anzuschließen, gehört Michael Tierney aus Wexford. Als er das große Centenary Stores Pub in Wexford gekauft hatte, fuhr er eigens nach Abbeyleix, um sich mit den Strukturen von Morrissey's vertraut zu machen. Danach besorgte er sich wundervolle Theken, Stellagen und Einrichtungsgegenstände und entwickelte.– immer mit dem Bewußtsein der Unerreichbarkeit von Originalen – mit seinen eigenen Ideen ein an authentischen Vorgaben orientiertes Pub. Wer mit der Fähre über Rosslare auf die Insel kommt, passiert schon nach einer Meile Cullens, Michaels zweites, erst 1996 eingerichtetes Pub. Nicht nur auf den ersten Blick, auch bei genauerem Hinsehen glaubt man, hier in einem uralten Pub zu stehen.

Tomás Coolahan, hingegen erbte von seiner Großmutter das perfekte irische Pub, ohne viel dafür tun zu müssen. Trotzdem ist er zu bewundern. Tomás, der tagsüber in die Arbeit geht und sein Pub meistens erst nach 19.00 Uhr öffnen kann, hat zu kämpfen. Ein über hundert Jahre altes Pub, das praktisch nie modernisiert wurde, ist nämlich nicht jedermanns Sache, und man weiß im Städtchen auch nicht so recht, ob man seinen Gefühlen nachgeben und in altmodischer Umgebung sein Pint genießen soll oder doch lieber dorthin geht, wo es modern und so richtig sauber ist. Erst langsam begreifen die Bewohner Tarberts, daß Tomás eines der schönsten Pubs im Co. Kerry mit viel Liebe erhält. Reisende hingegen, die auf ihrer Fahrt zur Fähre ins County Clare die Shannonmündung überqueren wollen und so durch Tarbert fahren, kehren gerne ein in Coolahan's Pub – und versäumen deswegen nicht selten die letzte Fähre. Aber wie war das noch einmal, mit dem (alt-) irischen Motto? Genau – als Gott die Zeit schuf, hat er genug davon gemacht!

Coolahan's Pub, Tarbert, Co. Kerry.

oben:
Alte Werbespiegel, wie sie in The House of McDonnell, Ballycastle, Co. Antrim, in traumhaftem Zustand erhalten sind, waren so schwer, daß sie manchen schnell in die Kneipenwand gehauenen Nagel erbarmungslos mit sich in die Tiefe zogen. In einigen Pubs überlebten aber selbst solide angebrachte Spiegel nicht, denn frustrierte oder betrunkene Kunden suchten sich mit Vorliebe ihr eigenes Ebenbild als Ziel für ihre kraftvollen Flaschenwürfe aus.

Literatur & Pubs

Von der Heimat mancher Dichter

Dublin, vor vielen Wintern. Tiefe Wolken drücken aufs Gemüt. Es riecht nach verbrannter Kohle und nach Malz. Von der irischen See bläst ein rauher, entschlossener Wind bis in die verwinkelten Gassen der Stadt. Dort angelangt, gewähren ihm provisorisch ausgebesserte Fensterstöcke Einlaß in unwirtliche Zimmer. An solchen Tagen waren die Straßen Dublins voll von Gestalten, die in zerknautschten Mänteln von Pub zu Pub huschten.

Einer von ihnen war ein Zugereister aus der Grafschaft Monaghan, ein Immigrant im eigenen Land. Aufgrund chronischen Geldmangels verbrachte er die Nächte in trostlosen Pensionen oder feuchten Appartments, die gerade genug Platz für ihn und seine Schreibmaschine boten. Wenn er nicht schrieb, ging er und lebte. Pubs boten Wärme und flüssige Nahrung und Gleichgesinnte. In Dublins Schänken fand Patrick Kavanagh die ersehnte, literaturlüsterne Atmosphäre vor, die ihm bei Prosa, Lyrik und besonders bei seiner journalistischen Arbeit als Inspiration diente. Endlose Diskussionen mit Dublinern aus allen sozialen Schichten, begleitet von ausufernden Gesprächen mit seinen Kollegen Brendan Behan und Brian O'Nolan (alias Flann O'Brien alias Myles na gCopaleen), die zum Teil den Charakter verbaler Kämpfe annahmen, lieferten ihm die geistige Nahrung für fundierte Beschreibungen.

Für irische Literaten und Journalisten waren die Pubs auch deshalb so wichtig, weil sich in ihnen ein Großteil des gesellschaftlichen Lebens abspielte. Wer als Schriftsteller clever und darüber hinaus mit den herrschenden Konventionen einverstanden war, konnte hier im Sinne einer gezielten Anbiederung auf sich aufmerksam machen.

Waiting for Godot.

Wer weniger clever war und hoffte, die eigentliche Qualität seiner literarischen Arbeit sei ausschlaggebend, sah sich oft enttäuscht. Die bekanntesten Orte für diese Art der literarischen Selbstpräsentation im Dublin der vierziger und fünfziger Jahre waren McDaid's, The Bailey und The Palace Bar. (Diese Pubs sind heute allesamt gänzlich modernisiert und umgebaut. Die alte Theke in McDaid's zum Beispiel befand sich damals auf der gegenüberliegenden Seite.)

Literaten mit Stil und Selbstwertgefühl hatten es schwer im Irland jener Zeit. Die Masse der Verleger wollte keine selbstbewußten Schriftsteller mit eigenen Ideen. Auf ihren Streifzügen durch die Pubs suchten sie einen Nachfolger für Yeats ohne dessen Intellekt. Irland mußte er verkörpern, positiv sein, am besten mit Schlamm an den unterwürfigen Stiefeln und auf keinen Fall eine ernstzunehmende Persönlichkeit. So waren denn Dichter gefragt, die rothaarige *tinker* in der untergehenden Sonne

Reflektionen in McDaid's, Dublin

Porter trinken ließen und Irinnen mit Sommersprossen in kitschigen Metaphern entstellten. Keine Kritik am Establishment, kein Pardon bei der Verwendung von Klischees.

Auch Journalisten standen unter dem Druck der Verleger. Sie mußten die Doppelmoral der Tageszeitungen, für die sie arbeiten wollten, akzeptieren. In den neuen Gazetten nach englischem Vorbild wurde Gottesgläubigkeit als Lebensbasis manifestiert; das eigentliche Potential aber blieb skandalträchtigen Reportagen vorbehalten. Ein Teil der Aufträge konnte in der Palace Bar, dem Haupttreff der Presseleute, ergattert werden. Abends um fünf, wenn der Herausgeber der Irish Times das Pub aufsuchte, konnte man versuchen, mit ihm ins Gespräch zu kommen und einen Auftrag für eine der nächsten Ausgaben zu erhaschen.

Die scharfsinnigen Stammkunden in McDaid's und The Bailey hätten auch gerne mehr kommerziellen Erfolg gehabt. Das literarische Trio Behan, O'Nolan und Kavanagh war allerdings nicht bereit, seine Prinzipien für einen lumpigen Publikationsvertrag an den Nagel zu hängen. Stattdessen beharrten die drei auf ihren profunden Ansichten hintergründiger Art und brachten McDaid's in aller Munde. Wenn sie auftauchten, war es nur eine Frage der Zeit, bis Geistesblitze die Stimmung im Raum luden. Brian O' Nolan soll einmal zu Patrick Kavanagh gesagt haben: „Du bist doch eh bloß ein zweitklassiger Dichter". Kavanaghs Retourkutsche war so bündig wie effektiv: „Nun, seit Homer sind wir das alle!" Der dritte im Bunde, Brendan Behan, hielt solche Weisheiten gerne auf der Schreibmaschine, auf der er im Pub zu schreiben pflegte, fest.

In der irischen Literatur des zwanzigsten Jahrhunderts nimmt das Pub eine wichtige Rolle ein. James Joyce greift in seinen Romanen und Short Stories zur Offenbarung der Seelenwelt seiner Erzählfiguren immer wieder auf das Wirtshausmilieu zurück. Joyce betrachtete das Leben im Pub als Mikrokosmos, als Spiegelbild der Dubliner Gesellschaft, deren Lebensweise hier vorzüglich portraitiert werden konnte. (Das einzige seiner literarisch gewürdigten Pubs, das die Jahre annähernd im Originalzustand überstand, ist das in den *Dubliners* vorkommende Mulligan's

Spieglein, Spieglein an der Wand, wer braut das beste Bier im ganzen Land?

of Poolbeg Street.) Für die Theateraufführung von O'Caseys Drama *The Plough and the Stars*, in dem die Revolutionswirren des Osteraufstands durch das Medium einer Kneipe mitsamt Kundschaft analysiert werden, wird 1926 im Abbey Theatre in Dublin eigens ein Pub auf die Bühne gebracht. J.M. Synge stellt der Eingangsszene seines *The Playboy of the Western World* eine Beschreibung des „rauhen und schmuddeligen" Pubs voran, in dem das Drama seinen Anfang nimmt.

Die nachfolgende Generation der irischen Literaten stand dem in nichts nach. Brendan Behan läßt seinen Protagonisten in *The Big House* eine Lokalrunde mit *„sixteen half ones of malt and chasers"* (sechzehn Whiskeys und danach sechzehn Stout zum Nachspülen) ausgeben. Brendan Behan war es auch, der in die Welt hinausposaunte, daß exzessives Trinken in Dublin nicht unbedingt als Schande galt, sondern in manchen Kreisen – nämlich seinen eigenen– auch als Errungenschaft betrachtet wurde. Wäre man gewillt, den Worten Flann O'Briens Glauben zu schenken, wären die Pubs in den Gaeltacht Gebieten aberwitzige Bastionen keltischer Unberechenbarkeit. Edna O'Brien erinnert sich an ihre Zeit in Dublin, an „gelehrte Männer, die in Pubs über ihren Kopf hinweg über Spondäen redeten, über die feineren Vorzüge des Malzwhiskeys, die portugiesische Syphilis, die metaphysische Verrücktheit der Leute aus Kerry im Unterschied zu der apokalyptischen Verrücktheit der Leute aus Clare." Pete St. John bezeichnet das Ticken einer Standuhr in einem Dubliner Pub kurz vor der nachmittäglichen Sperrstunde als „Prolog zu einem Drama" und Paul Durcan schildert in seinem Gedicht *Teresa's Bar* die eigentlich fatale Situation einer Wirtin, die zu den *down and outs*, den von der Gesellschaft nicht akzeptierten Querdenkern, in ihrer Schänke steht und auf die Meinung der Moralprediger im Dorf keinen Pfifferling gibt. Ungenannt bleiben darüber hinaus die unzähligen Poeten *Caithleen Ni Houlihans*, in deren Namen die große irische Erzähltradition bis heute unermüdlich in Pubs getragen wird.

Bisweilen stand Literatur auch Pate für die Namensgebung von Pubs. Joxer Daly, eine Figur aus O'Casey's *Juno and the Paycock*, mußte seinen Namen für etwas hergeben, was mit ihm ebensowenig zu tun hat wie die hübschen Bezeichnungen *Willowtree Park* oder *Seaview Estate* mit der tatsächlichen Umgebung der so bezeichneten Häusersiedlungen an irischen Stadträndern. Ein ähnliches Schicksal erlitten The Oscar Wilde und das An Beal Bocht. Pub und Literatur, Literatur und Pub sind trotzdem oder genau deswegen eine nicht wegzudenkende Wiege irischer Identität. Literatur und Pubs verfolgen manche Iren ihr ganzes Leben lang; Patrick Kavanagh sogar bis ins Grab. In einer Strophe seines Gedichtes *If ever you go to Dublin Town* wählt er ein Pub als Ort für seine Vision, an dem viele Jahre nach seinem Tod nach ihm gesucht werden soll:

Go into a pub and listen well
If my voice still echoes there,
Ask the men what their grandsires thought
And tell them to answer fair.
O he was eccentric,
Fol dol the di do
He was eccentric,
I tell you.

The Bombed Public House

This was the pub where I once took that playwright
famous for broadcast brawl but witty sober.
He warned me going in he had no money,
and took a single pint of several offered.

This was the pub where I was called to meet
the foreign poet; when he asked my age
he kissed me on both cheeks and called me father.

This was the pub where the small bald barman
always called me Doctor or Professor
on my infrequent visits, being neither.

When this interior is restored, recovered
with fashionable surfaces or textures
will any mirror echo such reflections
or cushioned corner's covers bounce them back ?

John Hewitt: *Loose Ends* (1983)

Einst von Yeats besucht: Toner's Pub in Dublin

Toner's soll das einzige Pub in Dublin sein, zu dessen Besuch sich der ansonsten bevorzugt in Privatkreisen verkehrende William Butler Yeats jemals hat hinreißen lassen. Zusammen mit seinem Schriftstellerkollegen Oliver St. John Gogarty, der ihn zu diesem Wagnis überredet hatte, betrat er das *snug* zur linken Seite der Tür. Augenscheinlich war Yeats nicht sonderlich angetan von dieser Umgebung, denn nachdem er seinen Sherry ausgetrunken hatte, blickte er Gogarty an und sagte „So, nun habe ich ein öffentliches Haus gesehen". Danach bat er seinen Begleiter, ihn nach Hause zu bringen.

Yeats verschmähte vor siebzig Jahren ein Pub, das heute im Reich der zig-fach renovierten Dubliner Gasthäuser ein Kleinod ist. Die Entschlossenheit, mit der hier an architektonischen Strukturen aus alter Zeit festgehalten wurde, erscheint für Dubliner Verhältnisse beinahe verdächtig. Der ganz mit Holz verkleidete und unterteilte Raum mit allen Merkmalen eines *pub and grocery shop* birgt die Magie des Dublin der Jahrhundertwende, als viktorianische Geschäftigkeit das Leben um das St. Stephen's Green bestimmte. Toner's war schon immer ein bodenständiges Pub. Emotional geführte Wirtshausdebatten über das unzureichende Gewerkschaftssystem damals oder Gesprächsrunden über das zukünftige Europa heute fanden hier allemal mehr Zuhörer als pro-irische Gedanken in Gedichtform. Dies dürfte auch ein Grund gewesen sein, warum das Desinteresse, das Yeats dem Pub entgegenbrachte, auf Gegenseitigkeit beruhte: Als er das Pub verließ, nahm keiner der Stammkunden Notiz davon.

JOHN'S LANE
POWER'S

In Nordirland

Von Unverdrossenheit und Sehnsucht

„Pubs in der Republik Irland dienen dazu, den Menschen eine Alternative zur Normalität des Alltags anzubieten. Pubs in Nordirland hingegen dienen oft dazu, in einer ausweglos erscheinenden politischen und auch persönlichen Situation ein Stück herbeigesehnte Normalität bereitzustellen, die in der Regel weder zu Hause noch am Arbeitsplatz vorzufinden ist."

Mein Gesprächspartner hob sein mit bestem nordirischem Whiskey gefülltes Glas gegen die ohne Lampenschirm im Raum baumelnde Glühlampe, was dem Bushmills noch mehr Goldglanz verlieh, als er ohnehin schon hatte. Nach einem kräftigen Schluck und einer neuen Bestellung setzte Enda Doyle, Auktionär aus Londonderry, seine geistigen Betrachtungen über die Verhältnisse in Nordirland fort. Es gäbe da so etwas wie ein psychologisches Dilemma. Unsicherheit, ja Unruhe sei ein Charakeristikum vieler seiner Landsleute. Es wäre eben vernichtend für ein Volk, wenn die Vergangenheit zu nichts anderem dienen könne, als die Gegenwart zu erklären oder zu entschuldigen, und wenn auch die Zukunft aufgrund der absurden politischen Stituation keine eigentliche Perspektive zulasse.

Doch seine Ausführungen enthielten auch positive Aspekte. Verläßlich seien sie, die Nordiren, und fleißig. Einer seiner Klienten, ein Importeur von Landwirtschaftsgeräten, habe ihm erzählt, es kämen immer mehr Kunden aus der Republik in nordirische Werkstätten, in denen Lastwagen, Traktoren oder auch Computer repariert würden. Denn in Nordirland würden Auftragsarbeiten solide und pünktlich ausgeführt; außerdem sei man weit entfernt von der im Süden vorherrschenden *„ah, sure, that's no problem"*-Mentalität.

Enda Doyle wurde in seinem Gesprächsfluß unterbrochen: *„Last orders, please!"* schallte es durch den Raum. Enda bestellte sich noch einen doppelten Whiskey auf Vorrat und wandte seinen Blick zur Tür. Obwohl die Sperrstunde nahte, ging die Schwingtür nun weitaus öfter nach innen als nach außen auf. Gutgelaunte Zeitgenossen schoben einander hinein ins vielversprechende Dunkel. Jetzt erst pulsierte das Leben im Pub. Die aberwitzigsten, allen Regeln des Englischunterrichts zuwiderlaufenden Begrüßungsformeln wie *„how goes it?"* oder *„how's the form?"* begannen den Raum zu füllen. Am Tresen entstand noch einmal Gedränge. Alle tiefsinnigen Gedanken schienen vergessen; die Aufmerksamkeit galt wieder einmal dem Wetter und diversen Rennergebnissen.

Als italienische Handwerker, die eigentlich zum Bau katholischer Kirchen nach Nordirland gekommen waren, im Jahre 1885 einen Wein- und Whiskeysalon über aus prachtvoll ausstatteten, erhielt Belfast ein architektonisches Juwel. Nach seiner viktorianischen Blütezeit verwahrloste der Crown Liquor Saloon jedoch zusehens und es sollte bis zum Jahre 1978 dauern, bis die Crown Bar vom National Trust gekauft und detailgetreu restauriert wurde.

FRENCH
RED
MINERVOIS £
COTES du ROUSILLON
Villages £
VIN de BORDEAUX
Claret £

In den meisten Pubs in Nordirland scheint es keine konfessionellen oder politischen Probleme zu geben. Selbst in den Pubs von Belfast oder Derry – abgesehen von solchen, die wirklich unmittelbar in Krisengebieten liegen – entfacht ein entspannt wirkendes Publikum einen Geräuschpegel, wie er selbst einem Dubliner Pub zur Ehre gereichen würde. Schönste Variationen nordirischer Artikulation schwingen in den Stimmen derer mit, die sich hier allabendlich zum Philosophieren einfinden.

Ein Pub, in dem lockerer Umgang untereinander herrscht und der Optimismus der Nordiren zu Tage tritt, ist die Rotterdam Bar in Belfast. Sie befindet sich am Ende einer Sackgasse an den Docks, benannt nach einem alten Schiff, das früher in nur zwanzig Yards Entfernung vom Pub seinen Liegeplatz hatte. Das Haus diente ursprünglich als letzter Aufenthaltsort für straffällig gewordene Iren vor ihrer Deportation nach Australien. Als die jetzigen Besitzer das Gebäude, das seit 1820 zum Verkauf von alkoholischen Getränken lizenziert ist, 1984 erwarben, befand es sich in einem desolaten Zustand: wegen des eingefallenen Daches war es völlig feucht; eine Renovierung des morbiden Mauerwerks erschien zu viel des Aufwands. Chris Roddy und Ernie McGuinness ließen sich von gutgemeinten Ratschlägen jedoch nicht entmutigen und setzten ihr mittlerweile erfolgreiches Projekt in Eigenitiative durch. Die Existenz dieser immer häufiger werdenden, von Weltoffenheit geprägten Pubs in den Städten ist jedoch nur ein erster Schritt in die Richtung einer gesellschaftlichen Normalisierung. Auf dem Land findet man weiterhin vorwiegend konfessionelle Pubs. In den unwegsamen Glens of Antrim, in die sich die katholischen Iren während der plantation durch schottische Einwanderer zurückgezogen hatten, gibt es noch einige alte katholische Pubs, in denen am Wochenende überbordende Emotionen freiwerden. Hier werden pro-irische Lieder, lustige und traurige, gesungen, bis die Freude überschäumt oder die Tränen fließen. Bis spät in die Nacht hinein zitieren bieder wirkende Besucher revolutionär anmutende Trinksprüche. Whiskey wird zum Symbol der Hoffnung und der Traum von der irischen Einheit lebt einmal mehr für einen Abend lang auf.

rechts: Rotterdam Bar, Belfast

Unweit der Glens, in der spärlich besiedelten Gegend an der Nordseite des Lough Neagh bei Toome liegt das Crosskey's Inn. Trotz der Abgelegenheit kommt bei Eamon Stinson jeden Samstag die Creme der nordirischen Volksmusikanten zusammen. Oft wird dann in jedem Raum der über zweihundert Jahre alten, ehemaligen Kutschenstation aufgespielt und im Laufe des Abends entpuppen sich immer mehr Gäste als Musikanten. Die Szene wird begleitet von hin- und herwandernden Besuchern, die sich aufgrund des außergewöhnlichen Angebots an feinster irischer Volksmusik nicht dazu entschließen können, einen festen Platz einzunehmen. Verständlich, denn schließlich will man ja auch in Nordirland am einzigen Samstagabend in der Woche nichts versäumen.

Two Big Ones

Vom Glanz vergangener Zeiten

Neben den unzähligen kleinen Schankstätten entstanden in vielen Orten auch einige größere pub & grocery Einrichtungen, die ein erweitertes Waren- und Serviceangebot aufwiesen. Elektrisches Licht, großzügige Räumlichkeiten und hervorragende Qualität der angebotenen Produkte machten sie zu den besten Adressen. Darüber hinaus lieferten sie mit dem Lastenfahrrad, oder später mit dem Auto per Haus – ein Service, den sich manch betuchter Käufer gerne leistete.

Morrissey's in Abbeyleix, Co. Laois, gilt heute in Irland als *pub & grocery* Original erster Güte und ist eines der wenigen noch existierenden exklusiven Etablissements, die den Besucher in eine längst verlorengegangen geglaubte Welt führen. In einem einzigen großen Raum ist links die Lebensmittelabteilung und rechts das Pub untergebracht. Man weiß beim ersten Betreten des überaus mondän und wuchtig wirkenden Raumes nicht, ob man in museumsähnlicher Ehrfurcht erstarren oder ob man sich, der Kundschaft angepasst, gleich an die Theke stellen soll.

Bei näherer Betrachtung des Pubs – dazu ist ein Rundgang nötig – offerieren sich eine Unzahl an Utensilien aus vergangenen Tagen wie exklusive, mit Goldbuchstaben verzierte Zigarettenkästen, dekorierte Biskuit-Ständer und massive Whiskeyfässer, die auch gegenwärtig noch bezeugen, daß Morrissey's einst bevorzugte Einkaufsquelle des

The man himself: Paddy Mulhall, seit 1934 in Morrissey's tätig und heute Besitzer des Juwels, ist nicht nur publican, sondern auch Auktionär, Grundstücksmakler, Notar, Reisebüroleiter, Zeitungshändler und Bestattungsunternehmer.

hiesigen Landadels war. Es scheint alles seit Jahren unverändert zu sein; sogar der Brotofen im Backhaus und eine alte Damentoilette im Hof sind erhalten. Sie stand den weiblichen Fahrgästen der Pferdekutschen während eines Aufenthaltes, in dem sich die Männer ein Stout genehmigten, zur Verfügung. Für die Männer galt also schon damals der Guinness Slogan, der in Irlands Pubs bis heute den Griff zum gepflegten Stout zu jeder Tageszeit rechtfertigt: *Have a Guinness when you're tired.*

Beim ersten Betreten weiß man nicht, ob man in museumsähnlicher Ehrfurcht erstarren oder ob man sich, der Kundschaft angepasst, gleich an die Theke stellen soll: Morrissey's in Abbeyleix, Co. Laois.

Harlow's ist alles. Wirtschaft, Gemischtwarenhandlung, Bestattungunternehmen, Lebensmittelladen, Düngemittelvertrieb, Möbelhaus. Alles im alten Stil. Weltoffenheit wird kleingeschrieben; ein mißtrauisches Abwägen allem Neuen gegenüber prägt die Atmosphäre. Jeder Kunde scheint ein *regular* zu sein, und Gäste, die dem Bild der gewohnten Klientel nicht entsprechen, werden von der Belegschaft als suspekt eingestuft. Hier begegnet man noch der gehobeneren Mischung von Kaufmannsladen und Wirtschaft, wie sie zu Beginn des Jahrhunderts die Ein-

kaufswelt in Irland bestimmte. Im vorderen Teil des Geschäftes stapelt sich, was die vorwiegend bäuerliche Kundschaft braucht oder unter Umständen brauchen könnte. Eisenwannen und Besenstiele aus Holz sind heute natürlich solchen aus Plastik gewichen und die fast künstlerisch geformten, von Hand geschmiedeten Nägel wurden von industriell gefertigter Massenware verdrängt. Aber noch immer beengen Körbe und Wäscheleinen den Bewegungsradius des Kunden und noch immer herrscht in Roscommons schönstem Laden ein Überangebot an Waren. Im Gegensatz dazu…

...weitet sich das große, unaufdringlich an den Verkaufsraum anschließende Pub zu einem Ort der Ruhe. Von der Hektik des vorderen Abteils dringt so gut wie nichts auf die andere Seite der Schwingtür herüber. Kein Stuhl, kein Hocker beeinträchtigten den Blick auf die im rechten Winkel aufgebaute Theke und die bis an die Decke reichende, üppig gefüllte Regalwand, in der hunderte von alten Whiskeyflaschen auf der obersten Ablage an den Brauch erinnern, nicht benötigten Stellagenraum mit Flaschen aufzufüllen. Wenn einfallendes Licht die Holztönung des breiten Thekenblattes in verschiedenen Nuan-

cen erscheinen läßt und der langsam aufsteigende Tabakdunst aus den filterlosen Zigaretten der Stammgäste in diesem Licht nach oben steigt, entsteht eine Stimmung, die zu ewiglangem Sinnieren oder vertrauensvollem Gedankenaustausch anregt. In Harlow's Pub fühlt man sich an jenen Ort versetzt, an dem ein mißtrauischer Ire am Anfang eines jeden Monats zur stillen Feier des Tages innerlich triumphierend einen doppelten Whiskey orderte. Dies tat er, nachdem er auf der Bank war, sein Geld abgehoben, gezählt und mit dem sicheren Wissen, daß nichts fehlt, wieder eingezahlt hatte.

Exits

Von der Logik der Sperrstunde

Es gibt Wirte, die sich Zeit ihres Lebens an die Regeln des Pubs halten. Ihr Berufsethos ist ehrenhaft; gesetzeswidrige Gedanken kommen erst gar nicht auf. Sie gelten als korrekte und loyale Geschäftsmänner und manche verweisen stolz darauf, daß ihr Pub schon seit vielen Jahren von den Kontrollen der Dorfpolizei verschont bleibe.

Auf diese Korrektheit scheinen jedoch keineswegs alle publicans Wert zu legen. Besonders die Überziehung der gesetzlich vorgeschriebenen Öffnungszeiten für Pubs betrachten manche Wirte als aufregendes und profitables Abenteuer. Der Illegalität bewußt, rechtfertigen sie ihre Haltung mit einer Art christlicher Dreifachüberlegung, die vorwiegend auf dem Prinzip der Nächstenliebe beruht:

Da sie sich selbst nur sehr ungern als Unmenschen bezeichnen, wollen sie ihren Gästen gerade dann, wenn es am schönsten ist, den Abend nicht verderben. Außerdem stellt ein verlängerter Abend auch ein Anwachsen des Eigenkapitals in Aussicht, mit dem sie die eigene Familie ernähren müssen. Und der Staat soll ja auch auf seine Kosten kommen, denn mehr verkaufter Alkohol bedeutet schließlich mehr Steuern für die leere Staatskasse. Allerdings, so schränkt Sean Mulrany, Wirt aus Limerick, ein, würden aus der Staatskasse unglücklicherweise auch die Gardai, die Polizisten, bezahlt, die genau dieses Gesetz überwachen sollen.

In manchen Pubs sind zwei- bis dreistündige, eigenmächtige Verlängerungen der Ausschankzeit an der 'Nachtordnung'. Gelegentlich läßt der Wirt auch den Morgen grauen, bevor er seine letzten Gäste nach Hause schickt. Mit Handschlag verabschiedet er sich dann von seinen treuesten Gästen und führt sie zum Hinterausgang, jenem Verbindungsglied zwischen bierdunstverhangenem Kneipenduft und frischer Morgenluft. Er ist zufrieden, denn wieder einmal ist ihm eine Kontrolle durch die örtliche Polizei erspart geblieben. Und sollte wirklich einmal ein Garda seinen Kontrollpflichten nachgehen, bleibt es zumeist bei einer Verwarnung ohne offizielle Konsequenzen. Denn ein irischer Polizist betrachtet sich selbst nur sehr ungern als Unmensch. Außerdem muß auch ein Wirt gelegentlich etwas dazuverdienen können. Und der Staat soll ja auch auf seine Kosten kommen, und er, der Garda, wäre ja unklug, würde er diese Steuereinnahmen, die sein eigenes Gehalt sichern, unterbinden.

links: McDaid's, Dublin
rechts: Taylor's Pub, Galway.

EXIT
GALWAY BAY

LebensArt

Die neuen Geschenkbände für Genießer

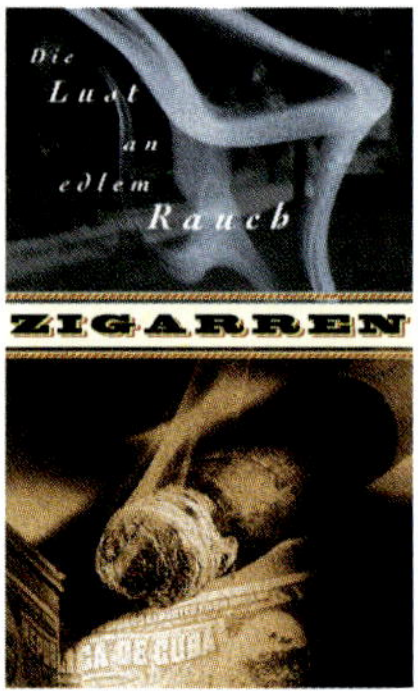

T. Caspari/S. Krieger/K. Trommer
Zigarren - und die Lust an edlem Rauch
Vom Mythos edler Zigarren. Geschichte und Geschichten, Wissenswertes über Sorten, Herstellung und Pflege. Stimmungsvolle Fotos, bibliophile Aufmachung. ISBN 3-7750-0306-1

Ernst Lechthaler/August F. Winkler
Rum, Drinks & Havanas
Cuba Classics.
Heiße Rhythmen, kalte Drinks, Rum und der feine Rauch von Havanas. Lebenslust, eingefangen in meisterhaften Fotos von Amiel Pretsch.
ISBN 3-7750-0304-5

Karl Petzke/Sara Slavin
Champagner - und die Kunst ihn zu genießen
Champagner und seine prickelnden Verwandten in meisterhaften Fotos, literarischen Zitaten, exquisiten Rezepten, begleitet von etwas Kulturgeschichte und vielen nützlichen Tips.
ISBN 3-7750-0291-X

Karl Petzke/Sara Slavin
Espresso - Kultur & Küche
Eine Hommage an das köstlichbittere Elixier mit exzellenten Farb- und Schwarz-Weiß-Fotos, raffinierten Rezepten und literarischen Zitaten.
Ein Kult- und Geschenkbuch, das begeistert!
ISBN 3-7750-0273-1

Weitere Informationen bei: Walter Hädecke Verlag, Postf. 1203, D-71256 Weil der Stadt
Telefon 0 70 33 / 52 98 30, Telefax 0 70 33 / 52 98 31